JN222288

ユニバーサル化時代の大学はどうあるべきか

ボーダーフリー大学の社会学

葛城浩一
Koichi Kuzuki

玉川大学出版部

はしがき

本書は、ユニバーサル化時代の象徴ともいえる「ボーダーフリー大学」の実態を実証的に明らかにすることで、当該大学がどうあるべきかを論じるものである。ボーダーフリー大学とは、受験すれば必ず合格するような大学、すなわち、事実上の全入状態にある大学のことである。その点では、世間に広く浸透している「Fランク大学」(Fラン)とおおむね同義である。後に詳述するように、ボーダーフリー大学は、高等教育研究における研究対象として長らく等閑視されてきたこともあり、その実態についてはよく知られておらず、印象論で語られることが多い(こうした大学の不要論・淘汰論はその典型)。例えば、ボーダーフリー大学では大学入試の選抜機能が働かないために、基礎学力の欠如等の学習面での問題を抱える学生を多く受け入れていることは周知の事実だが、その「学習」の実態についてはよく知られていない。また、そうした学生を多く受け入れているがゆえに、大学の主要な機能である「教育」に対する社会的期待は非常に大きいものの、その実態についてもまたよく知られていない。さらに、大学のいまひとつの主要な機能である「研究」に対する社会的期待はそれほどでもないことから、その実態についてはなおさらである。本書では、大学を語るうえで欠かせない「学習」、「教育」、「研究」という3つの視角から、ボーダーフリー大学の実態を実証的に明らかにすることで、当該大学がどうあるべきかを論じてみたい。

筆者がボーダーフリー大学に着目した研究に着手したのは2000年代（ゼロ年代）半ばであり、かれこれ20年近くになる。科学研究費助成事業にはこれまで5度（若手研究で2度、基盤研究（C）で3度、いずれも研究代表者）採択されており、その研究成果は、学会等での発表はもとより、学会誌等にも精力的に投稿し、掲載を重ねることで社会に還元するとともに、講演依頼があった場合にはその場を通じて還元してきたところである。特に近年では、大学の生き残りがますます熾烈さを増してきたこともあり、ボーダーフリー大学やその予備軍である大学からの講演依頼や問い合わせが増加しており、研究成果の還元へのニーズの高まりが感じられる。こうしたニーズに広く応えることで、ボーダーフリー大学における教育の質保証、ひいては生き残りに資することには大きな意義があろう。そこで、これまでの研究成果（特に基盤研究（C）「ユニバーサル化時代における学士課程教育の質保証の実現可能性に関する研究」（2017～2019年度）、基盤研究（C）「ユニバーサル化時代における学士課程教育の質保証のあり方に関する総合的研究」（2020～2023年度））を書籍としてわかりやすくまとめることで、上記のニーズに広く応えることこそが刊行の主たる目的である。

また、副次的にはボーダーフリー大学への関心を惹起するという目的もある。先述のように、ボーダーフリー大学は高等教育研究における研究対象として長らく等閑視されてきたこともあり、当該大学への関心は当事者間で閉じてしまっているといっても過言ではない。しかし、ボーダーフリー大学が抱える問題は、日本の高等教育システムが抱える構造的な問題でもあり、当事者間で解決できるほど生易しいものではない。そのため、先行研究では、ボーダーフリー大学がもはや旧来の「大学」というひとつの概念枠組みでは捉えきれない状況に陥っているにもかかわらず、それを維持していることが当該大学における教育の質保証の妨げになっているとして、大学の種別化・機能分化に対する問題提起もなされてきた（居神 2013a 等）。こうした問題提起に鑑みれば、旧来の「大学」というひとつの概念枠組みに基づくボーダーフリー大学の生き死にの議論を超えて、新しい概念枠組みに基づく当該大学の再生の議論も今後深めていく必要があろう。ボーダーフリー大学への関心を惹起することで、そうした議論の素地をつくることには大きな意義があると考える。

こうした目的の本書であるため、読み手のメインターゲットは、ボーダーフリー大学（予備軍を含む）に関係のある方（主には当該大学の教職員等）ではあるが、当該大学に関心のある方（高等教育関係者や大学教員を目指す大学院生等）にも手に取ってもらえるよう、学術書という位置づけではあるが、そうした方にも読みやすい筆致に努めたつもりである。

読後にどのような印象を持たれるか、非常に興味深いところであるが、おそらく読み手の立ち位置によって印象のありようも異なるように思われる。特にボーダーフリー大学の現場に立つ（正規の）教職員からすれば、「ボーダーフリー大学の実態がわかっていない」との印象を持つ方もおられるかもしれない。確かに、非常勤講師としてしかボーダーフリー大学の現場に立ったことのない筆者にはみえていない「実態」はあると思う。しかし、そうした方が「わかっていない」という「実態」もまた、その個人にみえている「実態」に過ぎず、それがボーダーフリー大学に一般的にみられる「実態」であるとは限らない。その点では、筆者はこれまでに非常に多くのボーダーフリー大学の関係者（教職員や学生等）がみている「実態」に、アンケート調査やインタビュー調査、講演等の機会を通して触れてきたことで、ボーダーフリー大学の「実態」を俯瞰的、かつ多角的に捉えているという自負はある。ボーダーフリー大学を論じる良書はいくらかあるが、それらに勝るのはまさにこの点に尽きる。本書を一読いただいた後、しばし「大学はどうあるべきか」という根源的な問いに思いを巡らせていただきたい。

2024年11月15日
葛城浩一

目次

序章
ボーダーフリー大学を読み解く意義はどこにあるか

日本の大学進学率は2009年に50%に達し、マーチン・トロウの発展段階説でいうところのユニバーサル段階に突入してから既に十余年が過ぎた。18歳人口が減少を続けているにもかかわらず、大学の数は増加の一途を辿っているため、私立大学の定員割れは深刻な状況が続いている。定員割れを抱えた大学は、2024年時点で私立大学全体の6割近くにまで達しており、経営上の採算ラインの目安とされている定員充足率80%を下回る大学は3分の1に届かんばかりである。深刻な定員割れの先に待つのは募集停止（あるいは法人破綻）であり、直近では高岡法科大学がその判断に至っている（2024年4月募集停止）[1]。こうした状況は、受験すれば必ず合格するような大学、すなわち、事実上の全入状態にある大学が、日本の高等教育システムのなかで無視できない存在になっていることを示している。

本書では、このようなユニバーサル化時代の象徴ともいえる「受験すれば必ず合格するような大学、すなわち、事実上の全入状態にある大学」を「ボーダーフリー大学」と定義する。なお、「ボーダー・フリー」という用語自体は、そもそも河合塾による大学の格付けにおいて、合格率50%となるラインがどの偏差値帯でも存在しないという意味で用いられているものであるが、本書の定義と異なることには留意されたい[2]。後に詳述するように、日本における高等教育研究では、大学や学生の多様性があまり考慮されてこなかったこともあり、ボーダーフリー大学は研究対象として長らく等閑視されてきた。しかし、ボーダーフリー大学を研究対象とすることは、日本の高等教育の今後を占ううえで極めて重要である。

なぜなら、ボーダーフリー大学には、日本の高等教育が抱えている問題が凝縮されて顕在化していると考えられるからである。ボーダーフリー大学研究の先駆者である居神[3]（2013b）も、「「マージナル大学」（ボーダーフリー大学におおよそ相当すると考えられる分類概念）という「周辺」分野に生じている現象こそが、そもそも「大学とは何か」という「中心的」かつ「本質的」課題を象徴的に示している」（100-101頁、丸括弧内は筆者）と指摘している。すなわち、ボーダーフリー大学という「周辺」分野に生じている現象に目を向けることは、日本の高等教育のあり方それ自体を問い直すことになるという意味において極めて重要なのである。また、そこで生じている現象のうち注視したいのが、学生の学習面での多様化である。ボーダーフリー大学は、入試による選抜機能が働かないため、基礎学力や学習習慣、学習への動機づけの欠如といった、早ければ小学校段階から先送りされてきた学習面での問題を抱える学生を多く受け入れており、より多くの教育上の困難に直面している。国際的にも学士課程教育の質保証（以下、教育の質保証）が求められている現状において、日本の高等教育の裾野に位置するボーダーフリー大学に目を向けることは、日本の高等教育における教育の質保証のあり方を問い直すことになるという意味でも極めて重要なのである。

そこで本書では、長らく等閑視されてきたこともあり、その実態についてはよく知られておらず、印象論で語られることの多いボーダーフリー大学に焦点を当て、「大学」を語るうえで欠かせない「学習」、「教育」、「研究」という3つの視角からの実証的なアプローチによって、当該大学の実態をよりクリアに読み解いてみたい。

1　定員割れを抱える大学の現状

本書では、ボーダーフリー大学を、「受験すれば必ず合格するような大学、すなわち、事実上の全入状態にある大学」と定義しているから、それに相当するのは定員割れを抱える大学ということになる。ボーダーフリー大学の実態に迫る本格的な議論に入る前に、まずは定員割れを抱える大学の現状について改めて確認するところから始めよう。

図序-1は、私立大学の定員充足状況の推移を示したものである。これをみると、定員充足状況が大きく変化したのは2000年頃であることがわかるだろう。すなわち、この時期に定員充足率100％未満の大学が3割近くまで急増しているのである。その後、2006年に4割に達してからは高止まりを続け、近年では3割に迫る減少傾向を経て、再び増加傾向に転じ、2023年にはじめて半数を超え、翌2024年には6割近くにま

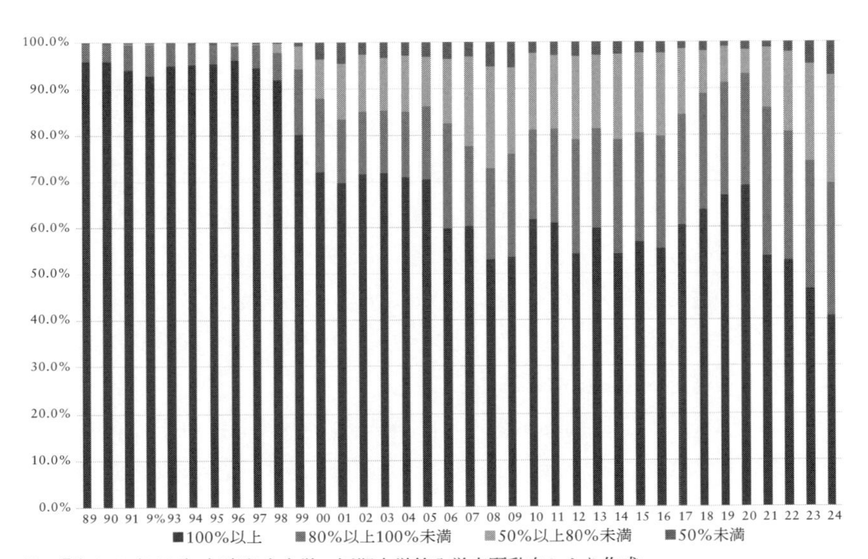

注：『令和6（2024）年度私立大学・短期大学等入学志願動向』より作成。

図序-1　私立大学の定員充足状況の推移

で達している（59.2％）。なお、その割合が右肩上がりで上昇していないのは、各大学で合格ラインの引き下げや入学定員削減等の対策が講じられているためであろう。

一口に「100％未満」といっても、図をみれば一目でわかるようにかなりの程度差がある。経営上の採算ラインの目安とされている80％を基準にみると、それに満たない大学は近年では2割を超えることはなかったが、2023年にはその2割を超え、翌2024年には3割をも超えている（30.4％）。また、経常費補助金の全額不交付のラインである50％を基準にみると、それに満たない大学は近年では1～2％程度で推移していたが、2024年には7％にまで及んでいる（7.2％）。なお、これらの大学のなかには、50％どころかそれをはるかに下回る、非常に深刻な定員割れを抱える大学（例えば20％未満）が少数ながらも存在している。

ここで留意したいのは、このような定員充足状況は、どのような系統の学部を有しているかによって大きく異なるという点である。定員充足率[4]を学部系統別に示した葛城・宇田（2017）によれば、定員充足率100％未満の学部が実数として相対的に多いのは、「文・人文（教育）・外国語」系や「経済・経営・商」系であるが、同系統の総学部数に占める割合が相対的に高いのは、「社会・国際」系や「経済・経営・商」系、「芸術・スポーツ科学」系である。80％の近似値である75％未満でみた場合でも、50％未満でみた場合でもほぼ同様の傾向がみられる。18歳人口の減少に歯止めがかからない以上、50％どころかそれをはるかに下回る、非常に深刻な定員割れを抱える大学が今後増加していくことは想像に難くないが、それを先導していくのがこれらの学部系統を有する大学である可能性は極めて高いだろう。

さて、（深刻な）定員割れが続けば、遅かれ早かれ募集停止の判断を迫られることになる。これまでにそうした判断に至った大学は20大学を超えている（法人破綻含む）。表序-1には、これらの大学の一覧[5]を、募集停止（法人破綻）の判断に至る直近の定員充足率[6]に加え、大学入試時の偏差値[7]（以下、偏差値）とともに示している。定員充足率をみる

表序 -1　募集停止（法人破綻）に至った大学

大学名	タイプ	時期	構成学部	定員充足率	偏差値
立志館大学	募集停止	2003年3月	経営学部	20.0%	38
東北文化学園大学	法人破綻	2004年4月	総合政策学部 科学技術学部 医療福祉学部	129.5% 108.6% 115.0%	43 38 51 [8]
萩国際大学	法人破綻	2005年6月	国際情報学部	7.3%	37
東和大学	募集停止	2006年7月	工学部	64.4%	36
三重中京大学	募集停止	2009年4月	現代法経学部	76.5%	42
聖トマス大学	募集停止	2009年6月	文学部 人間文化共生学部	72.8% 31.2%	掲載なし 41
神戸ファッション造形大学	募集停止	2009年6月	ファッション造形学部	非公表	42
愛知新城大谷大学	募集停止	2009年6月	社会福祉学部	33.0%	掲載なし
LEC東京リーガルマインド大学	募集停止	2009年6月	総合キャリア学部	84.4%	43
福岡医療福祉大学	募集停止	2010年5月	人間社会福祉学部	非公表	46
東京女学館大学	募集停止	2012年5月	国際教養学部	50.4%	43
神戸夙川学院大学	募集停止	2014年4月	観光文化学部	64.8%	44
福岡国際大学	募集停止	2014年5月	国際コミュニケーション学部	86.7%	47
プール学院大学	募集停止	2015年8月	国際文化学部 教育学部	68.6% 115.0%	37.4 BF
保健医療経営大学	募集停止	2019年5月	保健医療経営学部	27.5%*	BF
広島国際学院大学	募集停止	2019年5月	情報文化学部 工学部	94.4%* 70.0%*	BF BF
大阪観光大学	法人破綻	2020年3月	国際交流学部 観光学部	126.7%* 129.2%*	35 40
上野学園大学	募集停止	2020年7月	音楽学部	48.2%*	BF
恵泉女学園大学	募集停止	2023年3月	人文学部 人間社会学部	54.6%* 56.9%*	37.5 35
神戸海星女子学院大学	募集停止	2023年3月	現代人間学部	31.6%*	BF
ルーテル学院大学	募集停止	2024年3月	総合人間学部	46.7%*	42.5
髙岡法科大学	募集停止	2024年4月	法学部	非公表*	BF

と、（当然のことながら）定員割れしている大学が大半を占めているのだが、その値は総じてかなり低いというわけでもなくまちまちであり、経営上の採算ラインの目安とされている80％を超えている大学も（定員充足している大学含め）散見される。ただし、近年の傾向（ここでは2019年以降、以下同様）としては、経常費補助金の全額不交付のラインである50％に満たない大学の占める割合が高まっている。なお、偏差値をみても、その値は総じてかなり低いというわけでもなくまちまちであり、偏差値40台半ば以上の大学も散見される。ただし、近年の傾向としては、偏差値を用いた格付けの最低ランクにある「ボーダー・フリー」（表中ではBF）が多く見受けられる。

このように、募集停止（法人破綻）の判断に至った大学は、10年ほど前までは必ずしも、定員割れが非常に深刻というわけでも、偏差値的にかなり厳しいというわけでもなかった。つまりは、その状態ですら耐えられない「体力」しか持ちえない大学がその判断に至る傾向にあったと考えられ、その点では多くの大学は「体力」にまだ（比較的）余裕のあった時代だったといえるだろう。しかし近年では、定員割れが非常に深刻であり、偏差値的にもかなり厳しい大学がその判断に至る傾向にあることに鑑みれば、どの大学も「体力」に余裕がなくなってきており、それがゆえに、「体力」を奪う定員割れ等の影響が顕著になっているということなのだろう。

2 日本の高等教育研究におけるボーダーフリー大学研究

2-1 ボーダーフリー大学への社会的関心、学術的関心

前節の図序-1からもわかるように、ボーダーフリー大学は1990年代に入った時点で少数ながらも既に存在している（1990年時点で4.1％）。しかし、こうした大学に学術的関心はおろか、社会的関心が向けられることはほとんどなかった。管見の限りもっとも早くに関心を向けていたの

は、1993年に『危ない大学・消える大学』を刊行した島野であると思われるが、この時点ではボーダーフリー大学への社会的関心は相当に薄かったといっても過言ではない。国立情報学研究所が運営する図書・雑誌等の検索データベース「CiNii」で「定員割れ」と検索してみると、もっとも古いのは1996年の『週刊読売』に掲載された「廃校、廃部、募集停止 定員割れ続出で大学がなくなる」という記事であり、その後数年間、それに続くものがなかったことはその証左といえよう。こうした状況に変化がみられるのが、定員充足状況が大きく変化(悪化)し、ボーダーフリー大学の存在感が増していく2000年頃からである。1999年の『週刊朝日』に掲載された「あの名門美大、関西のボンボン大...約80校私大崩壊—2割が定員割れ」という記事を皮切りに、各種雑誌でボーダーフリー大学が取り上げられた。この時点でようやくボーダーフリー大学に社会的関心が向けられたということになろう。

しかし、こうした社会的関心の高まりに応じて、ボーダーフリー大学に学術的関心が向けられることはなかった。すなわち、この時点で論稿をまとめていたのは、下野(2000)による「「教育」大学としての大学(試論)—Fランク大学における大学教育」ぐらいしか見当たらないのである。なぜ学術的関心が向けられることがなかったのかといえば、それは、日本における高等教育研究では、大学や学生の多様性があまり考慮されてこなかったからである。すなわち、山田(2005)も指摘するように、「これまでの研究では多様な大学や大学生が一括して分析されることが多く、また個別大学の分析も、その結果が大学生全体に一般化される傾向にあった。とくに分析の中心になっていたのは都市部のかなり入学難易度が高い大学の学生、卒業生であり、その結果が現代の大学生像として一般化されることが多かった」(6頁)のである。特にかつての高等教育研究者にとっては、自分が学生時代を過ごしてきたような研究大学こそが研究に値する大学であり、その対極にあるボーダーフリー大学は自分とはもっとも縁遠い存在であるがゆえに、最初から眼中になかったということなのだろう[9]。そのため、ボーダーフリー大学に学術的関心を向け始めたのは、先の下野をはじめ、ボーダーフリー大学かその予備軍のような大学に所属する研究者であった。次節では、もう少し具体的にボーダーフリー大学研究の動向をみていくことにしよう。

2-2 ボーダーフリー大学研究の動向

図序-2は、ボーダーフリー大学におおよそ相当するような大学を対象とした研究（以下、ボーダーフリー大学研究）の推移を可視化したものである。具体的には、先述のCiNiiを用いてボーダーフリー大学及びそれにおおよそ相当する分類概念（例えば、「非選抜型大学」等[10]）で検索を行い、当該年にヒットした書籍・論文[11]の数を示している。これをみると、時代を経るにつれてボーダーフリー大学研究の成果が安定的に蓄積されていることがわかるだろう。こうした量的推移からは判然としないのだが、その内容面に目を向けるとボーダーフリー大学研究は、2000年代（ゼロ年代）半ばまでの第一期、2010年代半ばまでの第二期、それ以降の第三期に大別することができる。以下、各期の特徴について詳述していこう。

先述のように、ボーダーフリー大学研究の嚆矢は下野（2000）にある。

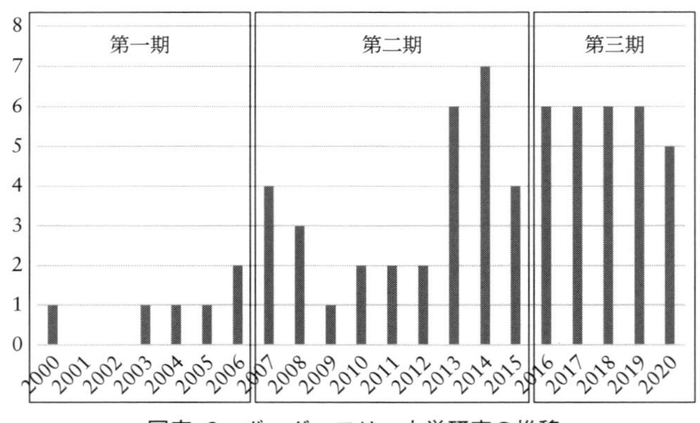

図序-2　ボーダーフリー大学研究の推移

ただし、その内容は、「Fランク大学」における教育内容や教育方法を中心に私案を提言するというものであり、学術研究の要素が乏しいことからいえば、ボーダーフリー大学研究というよりはボーダーフリー大学論に近いものであるといえよう[12]。

その下野より遅れること数年、(学術研究の要素が担保された)ボーダーフリー大学研究を先駆的に行ってきたのは、神戸国際大学の研究グループであった。「限界大学」における教学上の問題を論じた三宅・遠藤(2003)や遠藤・三宅(2004)、「マージナル大学」という概念を分析の視角として大卒フリーター問題を論じた居神ほか(2005)、「非選抜型大学」における就職支援体制や職業選択行動を論じた三宅(2005・2006)、またそのあり方や果たすべき役割等を論じた遠藤(2006)等、ボーダーフリー大学研究の礎を築いたのは、まさにこの研究グループであった。なお、特に居神ほか(2005)の『大卒フリーター問題を考える』は、この時点で既にボーダーフリー大学問題の本質を鋭く捉えている良書である[13]。この2000年代(ゼロ年代)半ばまでの時期を、ボーダーフリー大学研究の第一期と捉えよう。

それでは、その後のボーダーフリー大学研究はどう展開していったのか。神戸国際大学の研究グループのメンバーである三宅(2014)は、ボーダーフリー大学におおよそ相当するような大学に主たる関心があるわけでは必ずしもないものの、「選抜性」による差異に着目している実証的な先行研究(その多くは図序-2には含まれていない)をレビューし、「この領域に関する先行研究はさほど多いとはいえないが、その限られた研究成果は就職活動を含めた職業選択と大学生活に関するものに大別できる」(9頁)と指摘している。ボーダーフリー大学におおよそ相当するような大学に主たる関心がある実証的な先行研究でいえば、職業選択と大学生活というよりは、職業選択と学習行動に関するものに大別できよう。このうち職業選択については、神戸国際大学の研究グループ(メンバー)による貢献は依然として大きく、特に居神編(2015)の『ノンエリートのためのキャリア教育論—適応と抵抗そして承認と参加』は、ボーダーフリー大学におけるキャリア教育を考えるうえで示唆に富む良書である。

一方、学習行動についての研究を牽引してきたのは、筆者を含む広島大学の研究グループである。筆者の師である山田浩之は、第一期末には「Fランク大学」に所属する学生の学習行動に着目しており、彼らを主対象としたアンケート調査等をもとに、『現代大学生の学習行動』(山田・葛城編 2007)をまとめている(図序-2で2007年がやや多いのはそのため)。それを皮切りに、葛城(2007)、山田(2009)、葛城(2010・2012a)と、その学習行動に関する実証的な先行研究が蓄積されていくのである。このように、ボーダーフリー大学研究の成果が蓄積されていく2010年代半ばまでのこの時期を、ボーダーフリー大学研究の第二期と捉えておく。

さて、こうした第二期までのボーダーフリー大学研究は、職業選択と学習行動に関するものに大別できることからもわかるように、教育を提供される学生側に焦点を当てたものが大半であり、一方の教育を提供する大学・教員側に焦点を当てたものは珍しかった[14]。国際的にも教育の質保証が叫ばれるようになって久しい状況にあって、後者に焦点を当てた研究の重要性は改めていうまでもないだろう。そこで、筆者らの研究グループは、大学・教員側に焦点を当て、「ボーダーフリー大学における教育の質保証」をテーマに研究を続けてきたところである(葛城編 2019・2020等)。なお、大学・教員側に焦点を当てた研究は、なにも筆者らの研究グループばかりが行っているわけではない(小川 2016、菊池 2020等)。特に小川(2016)の『消えゆく「限界大学」—私立大学定員割れの構造』は、ボーダーフリー大学におおよそ相当する「限界大学」の多くが「短大を母体とする大学」であるという構造に着目し、その観点から「限界大学」を見事に捉え直している良書である。このように、ボーダーフリー大学を対象とした実証的な研究の焦点が、学生側だけでなく大学・教員側にも当てられるようになって以降の時期を、ボーダーフリー大学研究の第三期と捉えたい。

以上がボーダーフリー大学研究の動向である。先に「日本における高等教育研究では、大学や学生の多様性があまり考慮されてこなかったこともあり、ボーダーフリー大学は研究対象として長らく等閑視されてきた」と述べたが、その状況は徐々にではあるが変わってきているといえよう。例えば、日本高等教育学会は、その学会誌である『高等教育研究』の2018年の特集テーマに「学生多様化の現在」を設定し、ボーダーフリー大学研究の先駆者である居神や筆者が寄稿していることはその証左のひとつといえよう。図序-2に示す書籍・論文の多くは筆者らの研究グループを含む一部の研究者によるものであり、いまだ学術的関心が十分であるとはいえないが、着実に研究蓄積が進んでいるのは間違いない。以下、本書では、これまでのボーダーフリー大学研究の知見をふまえつつ、筆者による特に第三期の研究成果を中心に論じてみたい。

3 本書の構成

先述の通り、本書では、「大学」を語るうえで欠かせない「学習」、「教育」、「研究」という3つの視角からの実証的なアプローチによって、ボーダーフリー大学の実態をよりクリアに読み解いていく。本書は2部構成の8章立てとなっている。第1部のテーマは「学習と教育」、第2部のテーマは「教育と研究」である。第1部（第1章から第4章）では、学生の「学習」の視角からアプローチを始め、そのアプローチは徐々に、大学・教員の「教育」の視角に移行していく。第2部（第5章から第8章）では、大学・教員の「教育」・「研究」双方の視角からアプローチを行い、最終的に学生の「学習」の視角がそこに交わっていく。本書の構成イメージは図序-3の通りである。また、各章の概要は以下の通りである。

第1部のテーマは「学習と教育」である。ボーダーフリー大学におけるその実態を読み解いていくうえでまずもって重要なのは、当該大学に所属する学生（以下、ボーダーフリー大学生）に対する正確な理解である。そこで、学習面での問題を抱える学生を軸に、ボーダーフリー大学生とはどのような存在なのか、その実態に迫るのが、第1章「学生とはどのような存在か」である。また、学習面での問題を抱える学生が支配的だ

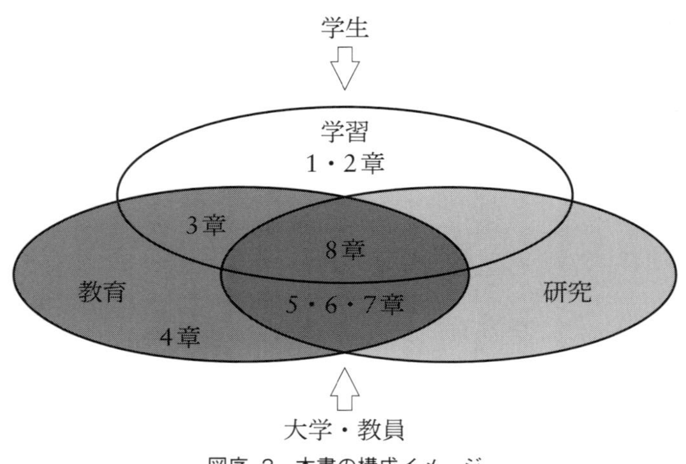

図序-3　本書の構成イメージ

と教室はいかなる状態に陥るのか、その実態に迫るのが、第2章「教室はいかなる状態に陥るか」である。そして、こうした学生の「学習」の視角からみえてきた、どうすれば学習面での問題を抱える学生でも学習するようになるのか、といういわばボトムアップ的な問いへのアプローチを通して、その学習・教育の実態に迫るのが、第3章「学生はどうすれば学習するのか」である。この章の中盤から、そのアプローチは大学の「教育」の視角に移行していくのだが、その視角から、高等教育における国際的なトレンドである「教育の質保証」をキーワードとした、いわばトップダウン的な問いへのアプローチを通して、その教育の実態に迫るのが、第4章「教育の質保証はどうすれば実現できるか」である。

第2部のテーマは「教育と研究」である。第2部での議論のみならず、第1部での議論についての理解を深めるうえで非常に重要なのが、ボーダーフリー大学に所属する教員（以下、ボーダーフリー大学教員）に対する正確な理解である。そこで、大学教授職に期待される主要な役割である「教育」と「研究」という二つの観点から、ボーダーフリー大学教員がどのような特徴を持った存在なのか、その実態に迫るのが、第5章「教員とはどのような存在か」である。また、その特徴が形作られるのに小さからぬ影響を与えていると考えられるのが、ボーダーフリー大学で今なお続く、研究重視の教員人事であることから、その実態に迫るのが、第6章「教員の採用人事はいかに行われるのか」である。そのうえで、そうした教員人事に象徴される、大学の研究に対する姿勢が、ボーダーフリー大学における教育の質保証という文脈において果たして望ましいのか、という問いを念頭に置きつつ、両者の関係性の実態に迫るのが、第7章「研究は教育の質保証に資するのか」である。そして上記の問いの本質にある（だからこそ、前章のタイトルでもある）、ボーダーフリー大学における「研究」は教育の質保証に資するのか、という問いに対して、学生の視角からのアプローチを試みるのが、第8章「学生は研究をどう捉えているか」である。

そして本書で得られた知見を総括するとともに、ボーダーフリー大学の今後のあり方について論じるのが、終章「ボーダーフリー大学はどうあるべきか」である。なお、補論として、第1部末には「必修科目は卒業や就職の「足枷」となるのか」、第2部末には「卒業研究はどうなされているか」を設けているので、こちらもぜひお読みいただきたい。

最後に、使用するデータは各章によって異なっているので随時説明するが、ここで留意しておきたい点がある。それは、調査・分析を行ううえで、ボーダーフリー大学をどう定義するか、という点である。本書では、ボーダーフリー大学を、「受験すれば必ず合格するような大学、すなわち、事実上の全入状態にある大学」と定義しているが、この定義は抽象性が高いため、調査・分析を行ううえでは操作的な定義が必要となる。その操作的な定義の基準として多くの章で用いているのが、定員充足率と偏差値である。

定員充足率については、定員割れしている大学は、事実上の全入状態になる可能性、すなわち、本書で定義するボーダーフリー大学に該当する可能性が高いと考えられる。しかし、定員充足率は変動が激しいため、特に境界線上に位置する大学が、たまたまボーダーフリー大学にカテゴライズされたり、あるいはされなかったりする可能性がある。そのリスクを防ぐべく、複数年度の定員充足率の平均値を用いる等の工夫はしているが、それとて限界がある。そのため、ボーダーフリー大学の操作的定義として、単に定員割れしているか否かというだけでなく、定員割れ状態からの脱却がほとんど不可能に近い（小川 2016）とされる定員充足率80％のラインをもって、定員割れが深刻か否かという基準も用いることとしている。

一方、偏差値については、それと定員充足率が相応の正の相関関係にあるのは間違いないが[15]、定員割れしていなくても偏差値が低い大学や定員割れしていても偏差値がそう低くはない大学も当然のことながら存在する。そのため、ある一定の偏差値をもってボーダーフリー大学に該当すると判断することは基本的には難しい。ただし、両者の間に相応の正の相関関係があることに鑑みれば、層として捉えた場合に、偏差値が低い層の大学にはボーダーフリー大学の特徴がより色濃く反映されると想定することは許されてもよいだろう。こうした想定のもとで、偏差値を操作的な定義の基準として用いる場合もあることには留意されたい。なお、本書で用いる先行研究には、筆者のものも含め、偏差値を操作的な定義の基準として用いているものが多い。偏差値はその出所によって値が多少なりとも異なるため、そこまで示すに越したことはないのだがどうしても煩雑になってしまうことから、詳細については当該文献を参照されたい。

また、ボーダーフリー大学の操作的な定義の基準として用いるのが、定員充足率であるにせよ、偏差値であるにせよ、その（算出）単位は総じて学部であるという点にも留意されたい。すなわち、正確にいえば、ボーダーフリー「大学」ではなく、ボーダーフリー「学部」ということである。特に複数の学部を擁する大学の場合、当該学部の定員充足状況／偏差値がその他の学部と大きく異なることも想定されるのだが（その結果、大学単位でみれば、本書で定義するボーダーフリー大学ではなくなる可能性もある）、煩雑さを避けるために便宜上、ボーダーフリー大学と表記している。なお、その関係もあり、正確には「学部」とすべきところを「大学」と表記しているところもあることを付記しておく。

最後に、本書は序章と終章、第2部末補論を除き、これまで公表してきた論稿をベースとしたものである。主だった論稿を以下に挙げておく。

葛城浩一（2018）「多様化した学生に対する大学と教員―「ボーダーフリー大学」に着目して」日本高等教育学会編『高等教育研究』第21集（第1章）

葛城浩一（2019）「ボーダーフリー大学における学士課程教育の質保証の実現可能性―学部長調査からみえる教育の質保証の実態」広島大学高等教育研究開発センター編『大学論集』第51集（第1章・第4章）

葛城浩一（2012）「ボーダーフリー大学が直面する教育上の困難―授業中の逸脱行動に着目して」香川大学大学教育開発センター編『香川大学教育研究』第9号（第2章）

葛城浩一（2015）「ボーダーフリー大学生が学習面で抱えている問題―実態と克服の途」居神浩編『ノンエリートのためのキャリア教育論―適応と抵抗そして承認と参加』法律文化社（第3章）

葛城浩一（2019）「ボーダーフリー大学における学士課程教育の質保証の実現可能性―実現を促進する要因についての検討」大学教育学会編『大学教育学会誌』第40巻第2号（第4章）

葛城浩一（2020）「大学の社会的構造の現状と課題―構成員としての大学教員の意識と行動を中心に」兵庫大学・兵庫大学短期大学部高等教育研究センター編『兵庫高等教育研究』第4号（第5章）

葛城浩一（2018）「大学教員として就職するまでのプロセスと就職後の教育・研究活動との関連性―ボーダーフリー大学に着目して」広島大学高等教育研究開発センター編『大学論集』第50集（第6章）

葛城浩一（2023）「大学教員としてのキャリアパスに立ちはだかる壁―大学の多様性に着目した分析」神戸大学大学教育推進機構編

『大学教育研究』第31号（第6章）
葛城浩一（2016）「ボーダーフリー大学における研究活動に対する期待と支援―教員の教育・研究活動に与える影響に着目して」大学教育学会編『大学教育学会誌』第38巻第1号（第7章）
葛城浩一（2023）「ボーダーフリー大学における「教育」と「研究」の両立―学生の視角からのアプローチ」兵庫大学・兵庫大学短期大学部高等教育研究センター編『兵庫高等教育研究』第7号（第8章）
葛城浩一（2023）「大学教員とは何者なのか―ボーダーフリー大学教員に着目して」大学基準協会大学評価研究所編『大学評価研究』第22号（第8章）
葛城浩一（2022）「卒業率は必修科目の設定に影響を与えるか―入学難易度による差異に着目して」香川大学大学教育基盤センター編『香川大学教育研究』第19号（第1部末補論）

注

[1] なお、電動モビリティシステム専門職大学は、開学してわずか2年でその判断に至っている（2024年10月募集停止）。

[2] 甲斐（2004）によれば、河合塾によって「ボーダー・フリー」（当時は「Fランク」と表記）に格付けされた大学は、2000年時点では2部・夜間を除いて194校で、私立大学全体の4割を占めていた。しかし、2004年時点では155校と、私立大学全体の3割に達しておらず、逆行現象が生じているという。こうした現象には、その格付けが一般入試のみを用いて行われていることが関係しているようである。すなわち、「学力試験を課さないAO入試や推薦入試の枠を大きくして、そのぶん一般入試枠を狭くすれば自動的に倍率が上がり、BF（ボーダー・フリー）指定からはずれる。なんとしてでもBF指定から逃れたい私立大の中にはこのような手法をとったところもある」（甲斐2004、136-137頁、丸括弧内は筆者）ようである。このように、こうした格付けは一般入試のみを用いて行われているため、事実上の全入状態にある大学がその射程から外れてしまうことになる。そのため本書では、「ボーダーフリー大学」を、一般入試に限らず、「受験すれば必ず合格するような大学、すなわち、事実上の全入状態にある大学」と定義している。

[3] 居神自身は、「ボーダーフリー大学」という分類概念は用いておらず、それにおおよそ相当すると考えられる「マージナル大学」（居神ほか2005等）や「ノンエリート大学」（居神編2015）といった分類概念を用いている。

[4] ここでいう定員充足率とは、単年度の定員充足率である。2016年版の『大学ランキング』（朝日新聞出版）に掲載されている入学定員数を、同じく掲載されている入学者数で除することで算出している。なお、葛城・宇田（2016）は、総定員充足率についても学部系統別に示しているが、こちらには編入学の学生が算出式に含まれてしまうことなどもあり、単年度の定員充足率からみられる傾向とはやや異なっている。

[5] 髙岡法科大学を除き、大学名、タイプ、時期については、島野（2024）を参照した。なお、電動モビリティシステム専門職大学はこれに含めていない。

[6] ここでいう定員充足率とは、単年度の定員充足率である。該当年版の『大学ランキング』に掲載されている入学定員数を、同じく掲載されている入学者数で除することで算出している。なお、＊を付している部分は、入学者数が記載されておらず定員充足率を算出できないため、該当年版の『大学の真の実力 情報公開BOOK』（旺文社）に掲載されている入学定員数及び入学者数をもとに算出した定員充足率を代わりに用いている。

[7] 偏差値は、該当年版の『大学ランキング』に掲載されている値を用いている。その値は、2015年版までは代々木ゼミナールのデータに、2016年版からは河合塾のデータに基づいている。偏差値はその出所によって値が多少なりとも異なるため、この出所の違いには留意されたい。

[8] 学科別に掲載されていたため、その平均値を用いている。

[9] 筆者はある著名な高等教育研究者から、ボーダーフリー大学研究を「金にならない研究」と揶揄されたことがある。今を生きる高等教育研究者にも、ボーダーフリー大学は研究に値しない大学であると考える者が間違いなく存在することがよくわかるエピソードだろう。

[10] 具体的には、「ボーダーフリー大学」はもちろんのこと、「非選抜型大学」、「ノンエリート大学」、「F ランク大学」、「マージナル大学」、「限界大学」、「下流大学」といった条件で検索を行った。

[11] 書籍・論文以外に、科学研究費の研究課題名や学会発表の要旨集録、雑誌記事等もヒットするが、これらについては除外している。

[12] 「崖っぷち弱小大学」がおかれている実態について論じた杉山（2004）や、「下流大学」の学生の実態について論じた三浦（2008）もそれに該当するものだろう。

[13] タイトルにボーダーフリー大学におおよそ相当する分類概念が盛り込まれていないため、図序-2には含まれていない。なお、三宅ほか（2014）の『大学教育の変貌を考える』もこの研究グループによる良書であるが、こちらも図序-2には含まれていない。

[14] 筆者は、第二期にはボーダーフリー大学に所属する教員の大学教授職に対する意識を明らかにする研究を行っていた（葛城 2011 等）。

[15] 葛城・宇田（2016）によれば、『大学ランキング』に基づき算出した定員充足率と、同書の「入試難易度ランキング」に基づく偏差値との相関係数は 0.545 であった。相応の正の相関関係にはあるが、かなり強い相関関係にあるわけではない。

第1部
ボーダーフリー大学における学習と教育の実態

第1章
学生とはどのような存在か

第1部のテーマは「学習と教育」である。ボーダーフリー大学におけるその実態を読み解いていくうえでまずもって重要なのは、当該大学生に対する正確な理解である。そこでまず本章では、ボーダーフリー大学生とはどのような存在なのか、その実態に迫るところから始めたい。

序章でみてきたように、（深刻な）定員割れを抱えた大学の現状に鑑みれば、多くのボーダーフリー大学では、入試による選抜機能がほとんど働いていないであろうことは容易に推察されよう。そのため、ボーダーフリー大学には学習面での問題を抱える学生ばかりが集まっているようなイメージを持ちがちであるが、現実はそうではない。ボーダーフリー大学にそうした学生が集まっているのは確かであるが、そこには学習面で比較的優秀な学生も一定数存在している。特に地方にあるボーダーフリー大学は、自宅から通学可能な大学の選択肢が非常に限られているため、入学難易度の（比較的）高い大学に届かなかった学生の受け皿になっている。また、都市部にあるボーダーフリー大学は、都会での生活を夢みる地方出身学生[1]（学習面で比較的優秀な学生に限らない）の受け皿にもなっている。

このように、特に学習面での問題の多寡という点での分散が極めて大きいのがボーダーフリー大学生の主たる特徴のひとつである。こうした特徴をふまえると、学習面での問題を抱える学生（あるいは学習面で比較的優秀な学生）がはたしてどの程度存在しているのか、気になるところだろう。また、特に学習面での問題を抱える学生が具体的にどのような問題を抱えているのかも気になるところだろう。そこで本章では、学習面で比較的優秀な学生の存在に留意しつつ、学習面での問題を抱える学生を軸に、ボーダーフリー大学生とはどのような存在なのか、量的観点と質的観点からその実態に迫ってみたい。

使用するデータの概要

本章では複数のデータを使用するが、ここでは主に使用するデータの概要について詳述する。表1-3〜6で使用するデータは、「中堅下位ランク以下の大学（正確には学部）」（偏差値50未満[2]と定義）の学部長を対象として、2017年11月から2018年3月にかけて実施したアンケート調査（以下、「学部長調査」）に基づくものである。回答者数は350名であり、配布数を母数とした回答率は25.3%であった。

本書では、ボーダーフリー大学を、「受験すれば必ず合格するような大学、すなわち、事実上の全入状態にある大学」と定義しているから、それに相当するのは定員割れしている大学ということになる。そこで以下では、定員充足率[3]に着目し、80%未満の「重度ボーダーフリー大学」群（以下、「重度BF大学」群）、80%以上100%未満の「軽度ボーダーフリー大学」群（以下、「軽度BF大学」群）、100%以上の「ボーダーフリー大学予備軍」群（以下、「BF大学予備軍」群）の3群に分類して群間比較を行うこととする。なお、定員充足率100%以上は、本書で定義するボーダーフリー大学に該当しないが、偏差値50未満であることに鑑み、BF大学予備軍と位置づけている。各群のサンプルは、「重度BF大学」群が69名、「軽度BF大学」群が58名、「BF大学予備軍」群が222名である。

各群の基本的属性（開設時期、偏差値、学部系統）は表1-1に示す通りである[4]。ボーダーフリー大学に該当する2群で比較すると、「重度BF大学」群は「軽度BF大学」群に比べ、開設時期については大差はないものの、偏差値については「BF」（「ボーダー・フリー」の意、本書で定義す

表1-1　各群の基本的属性

	全体	開設時期				偏差値						
		急増期以前	抑制期	臨定期	再抑制期	BF	35	37.5	40	42.5	45	47.5
全体	349	175	34	114	26	64	73	61	44	51	30	26
		50.1%	9.7%	32.7%	7.4%	18.3%	20.9%	17.5%	12.6%	14.6%	8.6%	7.4%
重度BF大学	69	22	8	33	6	34	23	8	4	0	0	0
		31.9%	11.6%	47.8%	8.7%	49.3%	33.3%	11.6%	5.8%	0.0%	0.0%	0.0%
軽度BF大学	58	21	7	26	4	17	23	9	2	7	0	0
		36.2%	12.1%	44.8%	6.9%	29.3%	39.7%	15.5%	3.4%	12.1%	0.0%	0.0%
BF大学予備軍	222	132	19	55	16	13	27	44	38	44	30	26
		59.5%	8.6%	24.8%	7.2%	5.9%	12.2%	19.8%	17.1%	19.8%	13.5%	11.7%

	学部系統											
	歯学	薬学	保健系	理・工学系	農学系	人文科学系	社会科学系	家政学	教育学	体育学	芸術系	その他
全体	3	10	62	35	2	51	103	13	22	2	7	39
	0.9%	2.9%	17.8%	10.0%	0.6%	14.6%	29.5%	3.7%	6.3%	0.6%	2.0%	11.2%
重度BF大学	2	2	6	6	0	18	19	4	4	0	2	6
	2.9%	2.9%	8.7%	8.7%	0.0%	26.1%	27.5%	5.8%	5.8%	0.0%	2.9%	8.7%
軽度BF大学	0	3	10	7	1	4	19	2	3	0	2	7
	0.0%	5.2%	17.2%	12.1%	1.7%	6.9%	32.8%	3.4%	5.2%	0.0%	3.4%	12.1%
BF大学予備軍	1	5	46	22	1	29	65	7	15	2	3	26
	0.5%	2.3%	20.7%	9.9%	0.5%	13.1%	29.3%	3.2%	6.8%	0.9%	1.4%	11.7%

注：上段は実数、下段は割合。

るボーダーフリー大学と同義ではない）が多い一方で「42.5」はない。また、学部系統については「人文科学系」が多い一方で「保健系」がやや少ない。なお、回答状況はこうした基本的属性、特に学部系統によって少なからず異なることは想像に難くないが、紙幅の関係から詳細な検討は必要に応じて行うこととしたい。学部系統による差異に着目した分析結果については、葛城（2019a）を参照されたい。

1 学習面での問題を抱える学生の割合

ボーダーフリー大学には、学習面での問題を抱える学生がはたしてどれだけ存在しているのだろうか。本章ではまずその量的イメージを把握するところから始めてみよう。

1-1 入試形態の特徴を前提とした概算

まず、入試形態の特徴を前提とした概算を行ってみたい。入試形態別の入学者割合（平均値）を、定員充足率に基づく3群間での平均値の差の検定による検討結果もあわせて示したのが表1-2である[5]。なお、このデータの対象は私立大学全体であり、次項以降で取り扱うデータの対象（偏差値50未満）と異なることには留意されたい。ただし、「80％未満」群と「80％以上100％未満」群は、次項以降の「重度BF大学」群と「軽度BF大学」群に相当するものと考えても差し支えない。

これをみると、定員割れが深刻な大学ほど「一般選抜（共通テスト含む）」の割合が低くなる一方、「総合型選抜」や「学校推薦型（指定校制）」の割合が高くなっており、3群間では統計的に有意な差も確認できる。改めていうまでもなく、「一般選抜（共通テスト含む）」では基礎学力を要する（客観的な）テストによる選抜がなされるため、合格するためには

表1-2　入試形態別の入学者割合

	全体	80％未満	80％以上100％未満	100％以上	
一般選抜（共通テスト含む）	36.0%	24.3%	33.1%	39.6%	***
総合型選抜	17.5%	25.2%	19.3%	15.1%	***
学校推薦型（公募制）	11.1%	9.2%	11.0%	11.5%	
学校推薦型（指定校制）	26.3%	30.8%	28.6%	24.5%	***
附属・系列校推薦	5.1%	4.1%	4.3%	5.7%	***

注：*** は $p < 0.001$、** は $p < 0.01$、* は $p < 0.05$、† は $p < 0.1$。以下同様。

「それなりの」基礎学力が必要となる。それに対して、「総合型選抜」や「学校推薦型（指定校制）」では基礎学力を必ずしも要するわけではない面接等による選抜がなされるため、相対的に低い基礎学力であっても合格することは可能である。そのため、一般的には、基礎学力に自信のある学生は「一般選抜（共通テスト含む）」を選択し、自信のない学生は「総合型選抜」や「学校推薦型（指定校制）」を選択すると考えられる。すなわち、先に示した結果は、定員割れが深刻な大学ほど、基礎学力に自信のある学生の割合が低くなり、自信のない学生の割合が高くなることで、前者の存在感が希薄になるとともに、後者の存在感がより顕著になることを示唆するものであるといえよう。

その入学者割合は、「80％未満」群でいえば、前者が4分の1にも満たないのに対し、後者は半数以上を占めている（56.0％）。残る「学校推薦型（公募制）」と「附属・系列校推薦」は、性格的に後者に近いものであることを考えると、基礎学力に代表される学習面での問題を抱える学生が入学者全体に占める割合は4分の3を超えている可能性がある。なお、改めていうまでもなく、この値は入学定員の平均値に基づくものであるため、個々の大学の入試形態のありようによって上下するのはもちろんのこと、各入試形態における定員充足状況によっても上下することには留意されたい。特に後者について、「一般選抜（共通テスト含む）」での定員充足状況のほうが相対的に厳しいものになることが予想されるため、先に示した値（4分の3）よりも高くなるのではないかと考えられる。加えて、「総合型選抜」や「学校推薦型（指定校制）」を経た学生のなかにも、学習面で比較的優秀な学生もいるだろうし（注1参照）、「一般選抜（共通テスト含む）」を経た学生のなかにも、学習面での問題を抱える学生もいるだろうから、この値は、あくまで入試形態の特徴を前提とした概算に過ぎないことには留意されたい。

1-2 学部長の認識に基づく見積もり

前項では、学習面での問題を抱える学生が入学者に占める割合を、入試形態の特徴を前提として概算したわけであるが、これが乱暴な概算であることは重々承知している。それでは別の観点からもその割合を見積もってみよう。すなわち本項では、「学部長調査」で得られた結果に基づき、学部長がその割合をどの程度だと認識しているのかみていきたい。

この調査では、「貴学部では、以下のような学習面での問題を抱えている入学者をどの程度受け入れておられますか。印象で結構ですので、貴学部の入学者全体に占めるおおよその割合をお書きください。」とたずね、実数での回答を求めている。その結果（平均値）を3群間での平均値の差の検定による検討結果もあわせて示したのが表1-3である。

これをみると、「所属学部で学ぶうえで必要となる基礎学力の著しい欠如」、「学習習慣や学習レディネスの著しい欠如」、「学習への動機づけの著しい欠如」のいずれについても、ボーダーフリー大学に該当する2群ともその平均値は2割程度と「BF大学予備軍」群よりも高く、3群間では有意な差がみられる。すなわち、学習面での著しい問題を抱える入学者の割合は、定員割れしているか否かによって大きく変わってくるものの、定員割れが深刻か否かによっては大きくは変わらず、それぞれおおよそ2割程度だということである。前項の入試形態の特徴を前提とした概算の値と比べると、値がかなり小さいと感じられるかもしれないが、いずれも「著しい欠如」であることには留意されたい。

さて、こうした学習面での著しい問題の背景には、障害等の理由が疑われるような学生も一定数存在していると考えられる。そこで「学部長調査」では、「（上記の問いのような）学習面での問題の背景に、障害等の理由が疑われるような学生はどの程度おられますか。印象で結構ですので、貴学部の入学者全体に占めるおおよその割合をお答えください。」とたずね、以下に示す選択肢のなかから回答を求めている[6]。その結果を3群間でのカイ二乗検定による検討結果もあわせて示したのが表

表1-3　以下のような学習面での問題を抱える入学者をどの程度受け入れているか

	全体	重度 BF大学	軽度 BF大学	BF大学 予備軍	
所属学部で学ぶうえで必要となる 基礎学力の著しい欠如	12.6%	17.8%	17.8%	9.5%	***
学習習慣や学習レディネスの著しい欠如	17.4%	21.2%	23.8%	14.6%	***
学習への動機づけの著しい欠如	15.9%	19.5%	21.5%	13.3%	***

表1-4　学習面での問題の背景に、障害等の理由が疑われるような学生はどの程度いるか

	全体	重度 BF大学	軽度 BF大学	BF大学 予備軍	
0%	7.4%	4.5%	3.5%	9.4%	**
1～5%	68.5%	57.6%	73.7%	70.8%	
6～10%	17.3%	18.2%	15.8%	17.0%	
11～15%	3.6%	9.1%	3.5%	1.9%	
16～20%	1.2%	4.5%	0.0%	0.5%	
21～25%	0.9%	3.0%	0.0%	0.5%	
26%～	1.2%	3.0%	3.5%	0.0%	

1-4である。

これをみると、ボーダーフリー大学に該当する2群のうち「重度BF大学」群では高い割合の選択肢での回答が多く、11%以上との回答は2割近くにまで及んでいる（19.7%）。しかし、一方の「軽度BF大学」群、そして「BF大学予備軍」群ではその半数にも及んでおらず（7.0%、2.8%）、3群間では有意な差がみられる。先述のように、学習面での著しい問題を抱える入学者の割合は、定員割れしているか否かによって大きく変わってくるものの、定員割れが深刻か否かによっては大きくは変わらない。しかし、その問題の背景に障害等の理由が疑われるような学生の割合は、定員割れが深刻か否かによって大きく変わり、定員割れが深刻なほど高くなる。この点に鑑みれば、学習面での著しい問題を抱える入学生は、定員割れが深刻か否かによって量的には大きくは変わらないのだとしても、質的には大きく変わってくるのではないかと考えられる。

2 学習面での問題を抱える学生の実態

前節では、学習面での問題を抱える学生が入学者に占める割合を、入試形態の特徴を前提として概算するとともに、学部長の認識に基づき見積もってみた。前者では、学習面での問題を抱える学生の割合は、定員割れが深刻なボーダーフリー大学では4分の3を超えている可能性があることが確認できた。また、後者では、学習面での著しい問題を抱える学生の割合は、定員割れが深刻か否かにかかわらず、ボーダーフリー大学では2割程度であること、ただし、その問題の背景に障害等の理由が疑われるような学生は、定員割れが深刻な大学に多いことが確認できた。こうした量的イメージをふまえたうえで、学習面での問題を抱える学生が具体的にどのような問題を抱えているのか、基礎学力、学習習慣や学習レディネス、学習への動機づけの3つの観点からみていきたい。

2-1 基礎学力の欠如

学生の基礎学力欠如の実態を明らかにした『分数ができない大学生―21世紀の日本が危ない』（岡部ほか編 1999）がベストセラーになってからはや四半世紀が経過した。定員割れを抱える大学がまだそう多くはなかった当時でさえ、義務教育どころか初等教育レベルの基礎学力の欠如が指摘されていたわけだから、定員割れを抱える私立大学が半数を超えている現在、特にボーダーフリー大学において初等教育レベルの基礎学力の欠如が深刻なものとなっているであろうことは容易に想像できる。それでは、その深刻さとははたしてどのようなものなのだろうか。葛城（2015）は、「ボーダーフリー大学」（ここでは偏差値45以下の大学と操作的に定義、なお、本書の定義とは異なるため括弧書きで表記している、以下同様）教員を対象にアンケート調査を行い（調査の概要は第7章参照）、当該大学の卒業生には最低限どのような知識・技能・態度等を身につけさせるべきだと考えるか、自由記述でたずねている。そこに記述されている内容から、ボーダーフリー大学生が抱える基礎学力欠如の実態を具体的にイメージしていただきたい。

- 中学卒業程度の国語、数学、英語はほぼ完璧に自分のものにしていること…（10）工学系
- 中学卒業程度の国語（最悪、小学生程度の漢字）と算数の能力。…（10）社会科学系
- 小学校レベルの算数（分数や九九含む）ができるようになること。…（10）工学系
- アルファベットは正しく書ける、読みもできる能力。ローマ字が読み、書きができる能力。…（7）その他（語学）

自由記述には、「中学卒業程度の国語、数学、英語はほぼ完璧に自分のものにしている」のような、中学校レベル「まで」の基礎学力についての記述が非常に多くみられる。ここで中学校レベル「まで」と強調したのは、「中学卒業程度の国語（最悪、小学生程度の漢字）と算数の能力」、「小学校レベルの算数（分数や九九含む）」のような、小学校レベルの記述も少なくないからである。ここで留意したいのは、括弧内の値である。この値は、記述された知識・技能・態度等を何割程度の卒業生に身につけさせるべきだと考えるのかをたずねた結果を示したものであるが（(10) ならば、卒業生全員に身につけさせるべきだと考えていることになる)、「アルファベットは正しく書ける、読みもできる能力。ローマ字が読み、書きができる能力」に至っては、卒業生全員に身につけさせることは難しいとすら考えられている（この記述では3割の卒業生には身につけさせることが難しいと考えられている)。こうした記述から、ボーダーフリー大学では小学校レベルの基礎学力を卒業生全員に身につけさせるのもそう容易なことではないと考えられていることがわかるだろう。

『分数ができない大学生』が出版されてから四半世紀が経過したこと

を考えれば、こうした結果はそう驚くべきものではないのかもしれない。しかしこれらの記述が、ボーダーフリー大学の卒業生に「最低限」身につけさせるべき知識・技能・態度等として挙げられたものであることを考えると、当該大学生が抱える基礎学力欠如の問題の深刻さについて改めて考えさせられるのではないだろうか。最後に、印象的な記述を紹介しておきたい。

- あまり多くのことは望めません。最低限の読み書きの力だけでも身に付けてもらえればと思います。（中略）仮に読み書きができないとしても、自分が読み書きができない人間だという自覚をもってくれればよいと思います。…（9.5）社会科学系

「仮に読み書きができないとしても、自分が読み書きができない人間だという自覚をもってくれればよい」という記述には、悲壮感すら漂っている。このように、ボーダーフリー大学の卒業生に「最低限」身につけさせるべき知識・技能・態度等としてイメージされているものは小学校レベルである場合も少なくなく、場合によってはそれができなくても仕方がないとすら考えられている。これがボーダーフリー大学生が抱える基礎学力欠如の実態なのである。

2-2 学習習慣の欠如

初等教育レベルの基礎学力の欠如が深刻なものであることからも容易に想像できるように、学習習慣の欠如もまた深刻なものである。葛城・西本・宇田（2018）は、偏差値30台半ばの複数の「ボーダーフリー大学」と偏差値40台半ばの「中堅大学」の学生を対象として実施したアンケート調査に基づき、「ボーダーフリー大学」の学生の3人に1人は、高校時代の授業外学習時間が皆無（0分）であることを明らかにしている。そして、サンプルとした複数の「ボーダーフリー大学」でほぼ同様の傾

向が確認できることから、ボーダーフリー大学は日常的な学習習慣が著しく欠如した者をこの程度は受け入れているのではないかと指摘している。前節で示した学部長の認識をおおむね支持する結果といえよう。

ここで留意しておきたいのは、日常的な学習習慣もさることながら、試験勉強を行う習慣すら欠如しているという点である。三宅（2011）は、選抜性の異なる3つの大学群の学生を対象として実施したアンケート調査に基づき、ボーダーフリー大学の特徴を相対的に色濃く有している「非選抜型大学」の学生は、高校時代の試験勉強では一夜づけのパターンが基本であることを明らかにしている。そしてそのうえで、努力をして結果を出すということに消極的である者を「非選抜型大学」が多く受け入れているという趣旨の指摘をしている。

このような高校時代の学習習慣は、大学側がよほど意識的に取り組まない限りは、大学入学後も変わることはないだろう。葛城（2015）は、先述の「ボーダーフリー大学」教員を対象とした調査の自由記述に基づき、ボーダーフリー大学生には、試験勉強を行う習慣が欠如しているどころか、試験勉強を行わなければならないとすら思わない者や、努力の重要性さえ認識できていない者が少なくないことを示唆する結果を明らかにしている[7]。そして、そうした背景には、卒業や就職が最大関心事であり、最優先事項である[8]ボーダーフリー大学ゆえの、卒業や就職の「足枷」とならないようにするための成績評価の「ゆるさ」が大きく関係していると指摘している。第3章で詳述するように、ボーダーフリー大学では、授業に出席さえしておけば単位を取得することができるような成績評価が行われている現状に鑑みれば、高校時代の学習習慣が大学入学後に大きく変わることはほぼ期待できないだろう。

2-3　学習への動機づけの欠如

たとえ基礎学力や学習習慣の欠如が深刻なものであったとしても、学習への動機づけがあるのであれば救いもあるが、それも期待できそうにない。三宅（2011）は、先述の学生調査に基づき、ボーダーフリー大学では、学習への内発的動機づけはもちろんのこと、外発的動機づけも期待しにくいことを示唆する結果を明らかにしている。すなわち、大学に入学する理由として、「大卒であると就職が有利になると思ったから」を選択した学生は、ボーダーフリー大学の特徴を相対的に色濃く有している「非選抜型大学」では半数程度に過ぎず、加えて、「弱選抜型大学」とのギャップも大きいのである。こうした結果は、学生の最大関心事ともいえる「就職」すら、ボーダーフリー大学では学習への外発的動機づけの手段として期待しにくいことを示唆するものであろう。

さて、大卒であると就職が有利になると思ったわけではないにもかかわらず、ボーダーフリー大学生が結果的に大学に入学するのは、そこに消極的かつ受動的な理由があるからである。そのひとつの典型が、進路選択の先送りである。長谷川（2016）は、「自身の学力に自信がもてない進路多様校生徒からすると、自分が進学できる程度の大学や、自分より成績が低い者がいくような大学への進学は、むしろ人生設計上マイナスになるとの考えが強くなってきている」（223頁）と指摘している。それでも結果的に大学に進学するのは、進路多様校では成績上位者しか就職できず、就職できない者には避難先としての大学進学を選択させるという進路指導が行われているからである。また、いまひとつの典型が、保護者による半強制的ともいえる進路選択である。先の三宅（2011）によれば、「自分は別の進路（例えば、専門学校など）を希望したが、親が大学へ行くようにすすめたので」という理由で大学に入学する学生は、ボーダーフリー大学の特徴を相対的に色濃く有している「非選抜型大学」では相対的に多く、15％を超えている。割合的には大きくみえないかもしれないが、「弱選抜型大学」と比べると倍以上の値である。

こうした消極的かつ受動的な理由で大学に入学する学生が特に厄介なのは、学習への動機づけを高めるために大学が用意する「仕掛け」が機能しにくいどころか、そこに導くことすら困難であると考えられるからである。三宅（2011）も指摘するように、「ミスセレクションであることを自覚しながらしぶしぶ入学してきた学生の場合、卒業後の進路選択も含め人生の目的や方向性を見出すのに、大学が用意するカリキュラムやプログラムを必要としない場合が多い」(8頁)のである。

こうした学生をはじめとして、ボーダーフリー大学にはそもそも大学に来ようとしない学生が一定数存在している。そのため、ボーダーフリー大学(教員)は、中退[9]予備軍ともいえる彼らにまずは大学に来てもらうべく多くのエネルギーを割かなければならない。ボーダーフリー大学教員に対するインタビューでは、「生活指導して大学に来させなくちゃいけない」が、「来させたはいいが今度はついてこれるかどうかわからないっていう問題がある」とその苦悩を吐露していた[10]。現場で教育にあたる教員からすれば、先述のような出席さえしていれば単位が保証されるような成績評価も致し方ないということなのだろう。

3 学習面での多様性の問題への対応とその結果

前節では、学習面での問題を抱える学生が具体的にどのような問題を抱えているのか、基礎学力、学習習慣や学習レディネス、学習への動機づけの3つの観点からみてきた。基礎学力については、ボーダーフリー大学では小学校レベルの基礎学力を卒業生全員に身につけさせるのもそう容易なことではないこと、学習習慣や学習レディネスについては、日常的な学習習慣もさることながら、試験勉強を行う習慣すら欠如していること、学習への動機づけについては、消極的かつ受動的な理由で大学に入学する学生が少なくないことが確認できた。それでは、こうした学習面での問題を抱える学生に対して特段の働きかけはなされているのだろうか。また、その如何にかかわらず、学習面での問題を抱える学生は卒業時までにその問題を克服できているのだろうか。本節ではその点についてみていきたい。

3-1　学習面での多様性の問題への対応

まずは、学習面での問題を抱える学生に対して特段の働きかけはなされているのか、という点についてみていこう。ここで留意しておきたいのは、先述のように、ボーダーフリー大学には学習面での問題を抱える学生ばかりでなく、学習面で比較的優秀な学生も一定数存在するのだが、授業はボリュームゾーン（ただし分散は大きい）である前者の学生に焦点を当てたものとなるため、後者の学生の学びの意欲は削がれがちだという点である。そうした彼らの学びの意欲をどう維持・強化するかは、ボーダーフリー大学におけるまた別の大きな（そして悩ましい）課題である。そのため以下では、学習面で比較的優秀な学生に対して特段の働きかけがなされているのか[11]、という点もあわせて、「学部長調査」で得られた結果をもとにみていきたい。

この調査では、「貴学部では、基礎学力等の学習面での多様性の問題に対応するために、以下のような取組を行っていますか。」とたずね、以下に示す項目のそれぞれについて、「行っている」と「行っていない」の選択肢のなかから回答を求めている。その結果を3群間でのカイ二乗検定による検討結果もあわせて示したのが表1-5である。

まずは、「学習面で問題を抱える学生が対象／主対象」の取組につい

表1-5　学習面での多様性の問題に対応するために、以下のような取組を行っているか

		全体	重度BF大学	軽度BF大学	BF大学予備軍	
学習面で問題を抱える学生が対象／主対象	授業（補習授業以外）	32.4%	23.2%	50.9%	30.1%	**
	補習授業（単位あり）	20.6%	29.0%	31.6%	15.1%	**
	プログラム（正課外を含む）	37.8%	43.5%	46.4%	34.0%	
学習面で優秀な学生が対象／主対象	授業	25.0%	25.0%	28.6%	23.7%	
	プログラム（正課外を含む）	36.2%	38.2%	42.9%	33.5%	

注：値は「行っている」の割合。

てみると（表上部）、ボーダーフリー大学に該当する2群ともに「行っている」との回答の割合が高いのは、「プログラム（正課外を含む）」であるが、それでも4割台半ばと過半数に満たない。なお、「BF大学予備軍」群を含む3群間では有意な差はみられない。一方、「補習授業（単位あり）」では、ボーダーフリー大学に該当する2群ともに3割程度と、「BF大学予備軍」群よりも2倍程度高く、3群間では有意な差もみられる。すなわち、単位を伴う補習授業という対応は、定員割れをしているか否かによって大きく変わってくるということである。残る「授業（補習授業以外）」では、非常に特徴的な傾向がみられる。すなわち、「軽度BF大学」群では5割に及んでいるのだが、「重度BF大学」群ではその半数にも及んでおらず、有意な差もみられるのである。なお、こうした結果に基本的属性が影響しているか検討してみたが、偏差値や学部系統による大きな影響は確認できなかった[12]。こうした結果は、定員割れが深刻なボーダーフリー大学では、学習面での問題を抱える学生への対応として補習授業以外の授業を行うことが容易でない可能性を示唆している。

また、「学習面で優秀な学生が対象／主対象」の取組についてみると（表下部）、「行っている」との回答の割合が高いのは、先と同じく「プログラム（正課外を含む）」であるが、ボーダーフリー大学に該当する2群ではともに4割程度であり、過半数には遠く及ばない[13]。一方、「授業」では、ボーダーフリー大学に該当する2群ではともに2割台後半に留まっている[14]。なお、いずれについても「BF大学予備軍」群を含む3群間では有意な差はみられない。すなわち、学習面で優秀な学生への対応は、「中堅下位ランク以下の大学」だと定員充足状況によって大きくは変わらないということである。

このように、学習面での問題を抱える学生にせよ、学習面で比較的優秀な学生にせよ、彼らを対象／主対象とする取組は、ボーダーフリー大学では、授業という形よりは、（正課外を含む）プログラムの形で提供されることのほうがおおむね一般的なようである。ただし、それを提供している大学が過半数に満たないことに鑑みれば、ボーダーフリー大学では、プログラムであれ、授業であれ、こうした取組を行うこと自体が必ずしも一般的とはいえないようである。

3-2 学習面での問題を克服できないまま卒業する学生

前項でみてきたように、ボーダーフリー大学では、学習面での問題を抱える学生にせよ、学習面で比較的優秀な学生にせよ、彼らを対象／主対象とする取組を行うこと自体が必ずしも一般的とはいえないようであるが、だとすれば、特に前者の学生が卒業時までにその問題を克服するのは非常に困難なのではなかろうか。ここでは、学習面での問題を抱える学生は卒業時までにその問題を克服できているのか、という点について、同じく「学部長調査」で得られた結果をもとにみていこう。

この調査では、「貴学部では、以下のような学習面での問題を克服できないまま卒業する学生はどの程度おられますか。印象で結構ですので、貴学部の入学者全体に占めるおおよその割合をお書きください。」とたずね、以下に示す項目のそれぞれについて、実数での回答を求めている。その結果（平均値）を3群間での平均値の差の検定による検討結果もあわせて示したのが表1-6である。

これをみると、「所属学部で学ぶうえで必要となる基礎学力の著しい欠如」、「学習習慣や学習レディネスの著しい欠如」のいずれについても、ボーダーフリー大学に該当する2群ともその平均値は1割程度と「BF

表1-6　以下のような学習面での問題を克服できないまま卒業する学生はどの程度いるか

	全体	重度 BF大学	軽度 BF大学	BF大学 予備軍	
所属学部で学ぶうえで必要となる 基礎学力の著しい欠如	7.0%	9.4%	10.6%	5.2%	***
学習習慣や学習レディネスの著しい欠如	8.7%	10.7%	12.9%	6.9%	**

大学予備軍」群よりも高く、3群間では有意な差がみられる。先に示した、学部長の認識に基づく、学習面での著しい問題を抱える学生の入学者に占める割合が2割程度であったことに鑑みれば、ボーダーフリー大学では、そうした問題を抱える入学者の半数程度がそれを克服できないまま卒業していることになると考えられる。ただ、ボーダーフリー大学の中退率は相対的に高く（注9参照）、学習面での著しい問題を抱える学生が中退している可能性を考えると、実態としては「半数程度」どころではないのかもしれない。

4　まとめと考察

本章では、学習面で比較的優秀な学生の存在に留意しつつ、学習面での問題を抱える学生を軸に、ボーダーフリー大学生とはどのような存在なのか、量的観点と質的観点からその実態に迫ってきた。本章で得られた主要な知見は以下の通りである。

第一に、学習面での問題を抱える学生がどの程度存在しているのか、その割合を把握すべく、そうした学生が入学者に占める割合を、入試形態の特徴を前提として概算すると、定員割れが深刻なボーダーフリー大学では4分の3を超えている可能性がある。また、学部長の認識に基づきその割合を見積もってみると、学習面での著しい問題を抱える学生が入学者に占める割合は、定員割れが深刻か否かにかかわらず、ボーダーフリー大学では2割程度だが、学習面での問題の背景に障害等の理由が疑われるような学生は、定員割れが深刻な大学に多い。

第二に、学習面での問題を抱える学生が具体的にどのような問題を抱えているのか、基礎学力、学習習慣や学習レディネス、学習への動機づけの3つの観点からみると、基礎学力については、ボーダーフリー大学では小学校レベルの基礎学力を卒業生全員に身につけさせるのもそう容易なことではないようである。また、学習習慣や学習レディネスについては、日常的な学習習慣もさることながら、試験勉強を行う習慣すら欠如しており、学習への動機づけについては、消極的かつ受動的な理由で大学に入学する学生が少なくないようである。

第三に、学習面での問題を抱える学生にせよ、学習面で比較的優秀な学生にせよ、彼らを対象／主対象とする取組は、ボーダーフリー大学では、プログラムの形で提供されるのが一般的であるが、それを提供している大学が過半数に満たないことに鑑みれば、当該大学でこうした取組を行うこと自体が必ずしも一般的とはいえない。またそのことも関係してか、ボーダーフリー大学では、学習面での著しい問題を抱える入学者の半数程度（中退を考慮するとそれ以上）はそれを克服できないまま卒業している可能性がある。

この第三の知見の後半部分は、「学習面での著しい問題を抱える学生」（第一の知見によれば2割程度）に限定したものではあるが、第三の知見の前半部分に鑑みれば、学習面での問題が「著しい」とまではいかない多くの学生にも当てはまる可能性は高いだろう。すなわち、学習面での問題が「著しい」とまではいかない多くの学生もまた、それを克服できないまま卒業している可能性は決して小さなものではないと考える。

だとすれば、学生の学習面での問題の克服こそが、ボーダーフリー大学の主たる教育目的として位置づけられるべきではあるまいか。なぜなら、卒業時までにそれを克服させることができなければ、第3章で詳述するように、卒業後のキャリアにおいて大きな損失を被る可能性があるからである。しかし、ボーダーフリー大学においても主たる教育目的は、専門分野の基礎的な知識・技能、あるいは基礎的な教養・知識・技能の獲得にあると考える大学は多く、学習習慣や学習レディネスの獲得はそのための手段に過ぎないと考えられているようにも見受けられる。むしろ後者を主として前者をその手段と考えるぐらいの意識の転換が必要だろう。そこまで一足飛びにはいかないのであれば、学生の学習面での問題の克服のためにどういった取組を行うのが効果的なのか、まずは思案を巡らせることから始めてはどうか。

ではそれに資する情報を、と先を急ぎたくなるところではあるが、その前にもう少し前提となる知識を頭に入れておきたい。次章では、学習面での問題を抱える学生が支配的だと教室はいかなる状態に陥るのか、その実態に迫ってみよう。

注

[1] そうした学生にとっては、偏差値よりも立地が優先することが少なくない。葛城（2024a）は、学習面で比較的優秀な学生であり、最終的に大手企業への内定を勝ち取った、「ノンエリート大学」の学生「アカリ」の進学の経緯を以下のようにまとめている。少し長くなるが引用したい。
「アカリは中国地方の出身で、「大阪に行きたい気持ち」が強くあった一方、私立大学でのひとり暮らしとなると親への負担が大きくなることを懸念していた。そこで授業料の安い大学を探した結果、AO入試だと授業料半額免除となるN大学を「みつけてしまう」。その好条件に目が眩み、パンフレットの文言を鵜呑みにして、ほかの大学との比較を含め、しっかり調べることも怠ってしまった。高校時代の成績は「中の上」であり、高校の先生からは「一発目からそこ（N大学）を受けるのはどうなのか」ともいわれたようだが、もはやその忠告を聞く耳はもてなかったのである。」（57–58頁）

[2] 『2018年版 大学ランキング』（朝日新聞出版）の「2017入試難易度ランキング」に基づくものである。

[3] 定員充足率は、『大学の真の実力 情報公開BOOK』に掲載されている1年次入試における学部の入学定員数を、同じ冊子に掲載されている1年次入試における学部の入学者総数で除することで、単年度の定員充足率を算出している。単年度の定員充足率は変動しやすいため、2017年度用の同冊子で2016年度の定員充足率を、2018年度用の同冊子で2017年度の定員充足率を算出し、その平均値を用いている。なお、80%を基準にしているのは、経営上の採算ラインの目安とされているからである。

[4] 開設時期については、小川（2016）に基づき分類している。なお、「急増期以前」は1968年以前、「抑制期」は1969～1985年、「臨定期」は1986～2005年、「再抑制期」は2006年以後である。偏差値については、『2018年版 大学ランキング』に基づき分類している。学部系統については、『今日の私学財政』（日本私立学校振興・共済事業団広報）を参考に分類している。

[5] このデータは、令和2～5年度科学研究費補助金基盤研究（C）「ユニバーサル化時代における学士課程教育の質保証のあり方に関する総合的研究」（研究代表者：葛城浩一）の研究分担者である宇田響（くらしき作陽大学）が、『大学の真の実力

情報公開BOOK』に掲載されている情報に基づき作成したものである。具体的には、入試形態別の入学者割合（学部単位）は2023年度用の同冊子に基づき、1年次入試の「方法別入学者数」をそれぞれ「入学者総数」で除することで算出している。なお、定員充足率は2022年度用と2023年度用の同冊子に基づき、注3と同様の手続きで算出している。各群のサンプルは、「80％未満」群が226学部、「80％以上100％未満」群が494学部、「100％以上」群が1,130学部である。

[6] 上記の問いのように実数での回答を求めなかったのは、特に障害等の理由が疑われるような学生については、概数であれ実数での回答のほうが難しいと判断したからである。

[7] 以下に示すのは、卒業生に最低限身につけさせるべき知識・技能・態度等として挙げられた自由記述のうち、学習習慣や学習レディネスに関する記述である。

- **授業に集中することができ、試験勉強をちゃんと行う習慣（10）理学系**
- **定期試験前に試験勉強をしなければならないと学生が思うこと（5）社会科学系**
- **家や下宿で勉強する習慣。学校以外で勉強すること、自分で家で考え、自分の時間を勉強につかう。勉強のできる人間はテレビを見たり、ゲームをしたりなどやりたいことを我慢して勉強時間にあてているという事実を認識させ、1ヵ月なり2ヵ月なり続けていることを認識させる。努力というものをさせる。（10）社会科学系**

[8] 葛城（2013a）は、私学高等教育研究所が学科を対象として行ったアンケート調査に基づき、選抜度の低い大学ほど、就職させられるか、あるいは中退させずに卒業させられるかといった点を教育成果として重視していることを明らかにしている。こうした知見は、ボーダーフリー大学では、卒業や就職が最大関心事であり、最優先事項であることを示唆するものである。

[9] 清水（2013）は、社会科学系学部の退学率を分析した結果、退学率は偏差値が低まるにつれて上昇していく傾向があることを明らかにしている。なお、もっとも低い偏差値帯（偏差値39）では、退学率は17.2％である。

[10] このインタビュー調査は、偏差値40台半ば以下の複数の大学の教員を対象として、2010年12月から2012年3月にかけて実施したものである。実際の語りは以下の通りである。

「中堅以下の底辺大学はもう質保証の議論なんてね、ほんとねぇクソみたいな話。生活指導だよ、ほんとに。高校の生活指導しないといけない。もう学校に来させるっていうレベルから、しないといけない。（中略）生活指導して大学に来させなくちゃいけないっていう、大学に来させて来させたはいいが今度はついてこれるかどうかわからないっていう問題があるでしょ？　2段階も3段階も今さ

れてる成果指標だなんとかっていうことからは、もうもの凄く遠いわけね。」
（教員ａ：偏差値40台半ばのａ大学、社会科学系学部所属、講師、40代、男性）

[11] 学習面で比較的優秀な学生に対する特段の働きかけは、ボーダーフリー大学では（でも）非常に重要である。葛城（2024a）は、学習面で比較的優秀な学生である「タカオ」の「特別クラス」（ゼミ）での成長を以下のようにまとめている。少し長くなるが引用したい。
「タカオは、「特別クラス」（ゼミ）と教職課程での学びに真摯に取り組み続けたＮ大学での四年間の学びを、「フルスロットルでは来たんじゃないかな」と肯定的に総括している。また、それがゆえだろうが、「この大学で結構大きく自分も変われた」と自負している。先述のように、高校時代のタカオは「本気出したらいけるやろう」という感覚を、成績が地の底まで落ち込んでさえなおもちあわせており、ついに本気を出しきれぬままＮ大学に進学することになった。そうした意味では、タカオにとってＮ大学での学びは、高校時代には出しきれなかった本気を存分に出しきれた得がたい経験だったといえよう。」（56頁）

[12] 具体的には、偏差値については、ボーダーフリー大学に該当する２群で差の大きな「BF」のサンプルのみで同様の分析を行った。また、「42.5」のサンプルを除いて同様の分析を行った。学部系統については、両群で差の大きな「人文科学系」と「保健系」のサンプルを交互に除いて同様の分析を行った。しかし、いずれについても、ボーダーフリー大学に該当する２群においては、本文で示した結果とおおむね同様の傾向がみられた。なお、ボーダーフリー大学に該当する２群を一括りにして学部系統による差を検討した葛城（2019a）によれば、その差は大きいことから（理・工学系61.5%、保健系40.0%、社会科学系34.2%、人文科学系9.1%）、その差があいまって影響している可能性はある。

[13] ただし、学部系統による差が大きいことには留意されたい。葛城（2019a）によれば、理・工学系では６割を超えているし（61.5%）、社会科学系では半数近くにまで及んでいる（47.4%）一方、人文科学系では３割（31.8%）で、保健系では１割にも満たない（7.1%）。

[14] こちらも学部系統による差が大きいことには留意されたい。葛城（2019a）によれば、理・工学系と社会科学系では３割台後半に及んでいる（38.5%、36.8%）一方、人文科学系では２割に満たず（18.2%）、保健系では皆無である（0.0%）。

第2章
教室はいかなる状態に陥るか

前章では、学習面での問題を抱える学生を軸に、ボーダーフリー大学生とはどのような存在なのか、その実態に迫った。それでは、そうした学習面での問題を抱える学生が支配的だと教室はいかなる状態に陥るのだろうか。本章では、授業中の逸脱行動に着目して、その実態に迫ってみたい。なお、本章でいうところの「逸脱行動」は、「大学の授業は学生の学びのために存在する」との前提のもと、「自分や他者の学びを阻害する行動」と定義する。

三宅（2011）は、先述の学生調査（第1章参照）に基づき、授業中の逸脱行動に対する規範意識については、選抜性の低下とともに規範意識が弱くなる行動も少なくないことを明らかにしている。またそれゆえか、選抜性の低い大学ほど、「授業に出席する時は、誰かと何か話をしていることが多い」学生や、「授業中、友達と話をしながら教室をたまり場のようにして使うのが楽しい」学生が多いことも明らかにしている[1]。また、葛城（2007）は、「Fランク大学」（偏差値40程度）と「中堅大学」（偏差値50程度）の学生を対象として実施したアンケート調査に基づき、例えば「私語」や「いねむり」などの逸脱行動は、「中堅大学」よりも「Fランク大学」で多く行われていることを明らかにしている[2]。ただ、こうした知見からは、ボーダーフリー大学では授業中の逸脱行動の日常化の程度が著しいことや、それゆえにより多くの教育上の困難に直面していることはうかがえるものの、その実態がいかなるものかまで具体的にイメージするのは難しい。

そこで本章では、ボーダーフリー大学生を対象として実施した自由記述式の調査に基づき、彼らの言葉を用いながら授業中の逸脱行動の実態をリアルに描き出すことで、当該大学が直面している教育上の困難をより詳細に明らかにしたい。なお、この調査は、筆者がボーダーフリー大学研究に本格的に取り組み始めてまもない時期に行ったもので10余年前と幾分古く、時代を感じさせる表現もいくらか出てくるが、ここで描き出される実態の本質的な構造は依然として変わらないと考えている。

使用するデータの概要

本章で使用するのは、ある地方都市に所在する、ボーダーフリー大学に該当する私立A大学（偏差値40台前半、定員充足率80％未満）で実施した自由記述式の調査である。なお、私立A大学は、人文科学系学部と社会科学系学部から成る複合大学であり、創立して30年未満で学生数は500名未満の、いわば新興の小規模大学である。

調査は、2011年10月から11月にかけて複数回にわたって実施した。「A大学の授業の良いところはどこですか。また、悪いところはどこですか。」、「あなたが今までにみたふまじめな学生のなかで、これはすごかったというケースはどのようなものでしたか。」、「A大学には、ふまじめな学生が何割ぐらいいると思いますか。また、そうした学生を、同じA大学生としてどのように思いますか。」といった問いに対し、それぞれ20分程度で自由に記述してもらった。分析対象者数は30名であり、学年（性別）による内訳は、4年生6名（男性5名、女性1名）、3年生8名（男性3名、女性5名）、2年生12名（男性8名、女性4名）、1年生4名（女性4名）である。

1 授業中の逸脱行動の実態

授業中の逸脱行動にはいくつかのタイプが存在する。記述内容を分類した結果、ボーダーフリー大学生の授業中の逸脱行動は、「疑似出席」、「ながら受講」、「教員への反抗」に大別することができた。以下では、ボーダーフリー大学生の実際の記述を引用しながら、それぞれの実態についてみていきたい。

1-1 疑似出席

「疑似出席」という耳慣れない表現を用いてはいるが、いわゆる「中抜け」、「エスケープ」と呼ばれる行動等を指す筆者の造語である[3]。なお、「中抜け」とは、「授業を途中で抜けだし、授業終了前に戻ってくること」(島田 2001、245頁)、「エスケープ」とは、「授業を途中で抜けだして、そのまま戻ってこないこと」(同上)である。こうした「疑似出席」は、ボーダーフリー大学では当然のように行われている。

- 最初に出席をとる授業があるのですが、その授業で出席だけをとってすぐ教室に(原文ママ)出てしまう人がいるのでそれはふまじめだと思います。逆に授業の出席確認が最後にある授業があるのですがそれも同じく授業の最後にだけ出席してしまう人がいると思います。(2年・男性)
- 私が入学してからすごいと思ったのは、みんな出席をとったらすぐに帰るということでした。(2年・女性)
- (遅刻を)30分程度なら認めている講義も多いのですが終了10分前にやってきて出席カードだけ出して帰るといった人がとても多いのです。(3年・男性)

「出席だけをとってすぐ教室に(原文ママ)出てしまう」のもさることながら、「授業の最後にだけ出席してしまう」といった行動は、「中抜け」や「エスケープ」を超えた「疑似出席」の極みであるといえよう。しかし、こうした行動自体はボーダーフリー大学以外でも珍しくない。

興味深いのは、「みんな出席をとったらすぐに帰る」、「終了10分前にやってきて出席カードだけ出して帰るといった人がとても多い」という点である。「疑似出席」という逸脱行動の質的側面ではそう違いはないにしても、量的側面では違いがあるといえるのかもしれない。

学生たちが出席にこだわるのは、授業に出席さえしておけば単位を取得することができると考えているからである[4]。三宅（2011）も、先述の学生調査に基づき、「弱選抜型大学」の学生は授業に対する理解力のなさを出席も含めて評価してもらおうと考えているが、ボーダーフリー大学の特徴を相対的に色濃く有している「非選抜型大学」の学生は出席そのもので評価されるべきだと考えているという趣旨の指摘をしている。こうした背景には、第3章で詳述するように、ボーダーフリー大学では、授業に出席さえしておけば単位を取得することができるような成績評価が実際に行われていることが大きく関係している。そうした出席重視の成績評価が行われ、学生がそれを当然視するからこそ、学生の「疑似出席」に拍車がかかるのである。

1-2 ながら受講

「ながら受講」というこれまた耳慣れない表現を用いてはいるが、授業に関係のないほかのことをしながら、授業を受けるという行動を指す筆者の造語である[5]。島田（2001）によれば、「ながら受講」は、1990年代には、授業を聞くことに重みがあるのではなく、ほかのことをすることのほうにウェイトが移っており、1990年代半ばを迎えると、授業をまったく聞こうとしない「ながら受講」が急速に拡大したのだという。

はたして、ボーダーフリー大学では、どのような「ながら受講」がみられるのだろうか。本項では、「ながら受講」を、他者に迷惑をかける度合いの強いものと弱いものとに分類し、それぞれの実態についてみていきたい。

1-2-1 他者に迷惑をかける度合いの強いもの

他者に迷惑をかける度合いの強い「ながら受講」の代表は、「私語」であろう。島田（2002）によれば、1960年代半ば頃から私立の女子短期大学でみられ始めた「私語」は、1980年代後半にはどの大学でも日常化していたという。しかし、先述の葛城（2007）によれば、「授業中に私語をすることが多い」という問いに対し、「Fランク大学」の学生の4割弱が肯定的回答をしており、その割合は「中堅大学」の学生よりも有意に高かった。この点に鑑みれば、ボーダーフリー大学の「私語」は、その他の大学に比べ日常化の程度が著しいものと推察される。また、「私語」が「ささやくこと。ひそかにはなすこと。また、その話。」（『精選版 日本国語大辞典』）と定義されるならば、ボーダーフリー大学の「私語」は、もはや「私語」という言葉では捉えきれない域に達している。

- 私語が多い授業はほとんどなので、今ではすごいとは思わなくなりました。（4年・男性）
- こそこそと話をするのではなく、カラオケボックス内かと思わせるような大声で会話を続ける男性数人。（中略）これまた大きい声でヒワイな話をたのしそうにしている時。大声で話すことができる話か！と思った。（1年・女性）
- 授業中に「オナニーしてろ！」と叫け（原文ママ）んだ人がいた。※大きな教室で、教卓の前でみんなに（4年・男性）

「私語が多い授業はほとんど」という記述から、「私語」が日常化している様子がうかがえる。「私語」の日常化によって、教室はもはや「カラオケボックス」と化しており、教員の声が邪魔だとばかりにさらに大きな声で会話がなされている。教室は公的空間ではなく、「カラオケボックス」のような私的空間と認識されているからこそ、「大きい声でヒワイな話」をすることも「オナニーしてろ！」と叫ぶこともできる。

また、「私語」の相手は教室という閉鎖空間のなかだけに限定されるわけではない。すなわち、「携帯電話による私語」である。「携帯電話による私語」というと「メール私語」を想起するかもしれない。確かに「メール私語」は、2000年前後からどの大学でも日常化している。しかし、先述の葛城（2007）によれば、「授業中に携帯電話でメールの読み書きをする」という問いに対し、「Fランク大学」の学生の3割が肯定的回答をしていたが、その割合は「中堅大学」の学生のほうが有意に高かった。この点に鑑みれば、ボーダーフリー大学の「メール私語」は、その他の大学よりも日常化の程度が著しいとはいえないだろう。しかし興味深いのは、ボーダーフリー大学では、携帯電話を「メール」のためだけでなく、「通話」のためにも用いているという点である。

- 授業中にも関わらずけい帯電話をマナーモードにせずに大音量で着信音を鳴らし、何くわぬ顔で電話に出ている学生がいる。（3年・女性）
- 授業中に普通に電話をしたりというのにびっくりしました。（1年・女性）
- この授業は、大人数だったので、部屋が広くて、話をする人が多く、電話で話していても、全く気づかれていませんでした。寝ているふりをしての電話だったのでそれができたのではないかと思います。その方は、90分間ずっと話をしていました。（4年・女性）

マナーモードにし忘れ、着信音を鳴らしてしまうことはあるかもしれない。また、用件によっては、通話しなければならないこともあるかもしれない。しかし、そうした事情にかかわらず、「何くわぬ顔で電話に出ている」学生が存在する。そもそも、「授業中に普通に電話」している学生は珍しくないのである。しかも、寝ているふりをしていたとはいえ、「90分間ずっと話をして」いる猛者すらいるのは驚きである。先述のような「私語」の日常化がそれを可能にするのだといえよう。こうした風景が日常化しているのがボーダーフリー大学の「私語」の実態なのである。

1-2-2 他者に迷惑をかける度合いの弱いもの

他者に迷惑をかける度合いの強い「ながら受講」の代表が「私語」なら、その度合いの弱い「ながら受講」の代表は、「いねむり」であろう。「いねむり」もまた、「私語」と同様に、どの大学でも日常化している。先述の葛城（2007）によれば、「授業中によく居眠りをする」という問いに対し、「Fランク大学」の学生の4割強が肯定的回答をしていたが、「中堅大学」の学生との間に有意な差はみられなかった。この点に鑑みれば、ボーダーフリー大学の「いねむり」は、「メール私語」と同様、その他の大学よりも日常化の程度が著しいとまではいえないだろう。しかし、「いねむり」が「すわったり、腰かけたりしたまま眠ること。何かをしながら、うっかり眠ってしまうこと。」（『精選版 日本国語大辞典』）と定義されるならば、ボーダーフリー大学の「いねむり」もまた、もはや「いねむり」という言葉では捉えきれない域に達している。

- 部活に力を入れているため、勉強ができず、何教科も再試を受けなくてはいけない人や、バイトを週6入れていて、授業に来るけど、ずっと寝ている人がいる。（中略）しかも1番前で堂々と寝ている人もいるのでありえんと思います。（2年・女性）
- 後のほうから「スースー」聞こえてきたので「誰か寝よんやろなー」と思って後を振り返ったのですが、誰もいませんでした。（中略）ずっと見ていたら、急に頭を起こして、人が現れました。どうやら、椅子に寝そべって本格的に寝ていたようでした。（2年・女性）
- 印象的だったのは授業をしているのにもかかわらず椅子に一直線になってねている人を見たときだ。授業中に仮眠をしてしまう学生は多いが椅子に横たわって寝ている人をみると恥じらいのよう

なものや常識すらもないように思える。(3年・女性)

「授業に来るけど、ずっと寝ている」、「1番前で堂々と寝ている」ならまだしも、「椅子に寝そべって本格的に寝ていた」、「椅子に一直線になってねている」あたり、「いねむり」どころか、「うたたね」ですらない(ちなみに、「うたたね」は「寝るとはなしに寝ること。寝床に入らないで、思わず知らずうとうと眠ること。」(『精選版 日本国語大辞典』)と定義されている)。その確信犯的な行動は、もはや「睡眠」と呼ぶにふさわしい。ただし、こうした行動自体は、「疑似出席」と同様、ボーダーフリー大学以外でも珍しいわけではない[6]。

むしろ留意したいのは、「いねむり」以外の「ながら受講」である。「ゲーム」、「音楽」、「マンガ」、「飲食」など、枚挙に暇がない。具体的にみてみよう。

- イヤホンをつけて授業を受けていたり、PSP(ゲーム機)をいじっていたり、大音量で音楽を流していたり、マンガを読んでいたり。無法地帯レベルは店の駐車場さながらである。(1年・女性)
- 授業中にご飯を食べていたことです。(中略)ご飯なので、多少においがしていたのですが、うちわや下じきであおいでそれをかくしていました。ふつうにおかしも食べていてびっくりしました。(4年・女性)
- 後ろの方の席だったが、その中での(原文ママ)電子たばこをくわえる。(2年・女性)

ボーダーフリー大学の教室では、「PSP(ゲーム機)をいじっていたり、大音量で音楽を流していたり、マンガを読んでいたり」、「ご飯」や「おかしも食べて」いたり、はては「電子たばこをくわえ」て一服したり[7]と、学生は思い思いの時間を過ごしている。その「無法地帯レベルは店の駐車場さながら」である。当の学生は、「他者に迷惑をかけているわけではないのだから、とやかくいわれる筋合いはない」といわんばかりである。これらの行動を目の当たりにすることで、他者の学びの意欲が削がれていることはいうに及ばず、「大音量で音楽を流して」いることや「においがして」いることで、他者に迷惑をかけていることなど認識できていないのである。仮に認識できているのだとすれば、それはそれで問題である。「他者に迷惑をかけているとしても、とやかくいわれる筋合いはない」とさえ考えているのだろうか。いずれにしても、こうしたレベルの逸脱行動を、他者に迷惑をかける度合いの弱いものと位置づけること自体が間違いなのかもしれない。

1-3 教員への反抗

「疑似出席」、「ながら受講」とみてきたが、これらは程度差はあったとしても、ボーダーフリー大学以外の大学でもみられうるものである。これらを非社会的逸脱行動だとするならば、ボーダーフリー大学を特徴づけるのはやはり、「教員への反抗」という反社会的逸脱行動であろう。具体的にみてみよう。

- 授業中にさわいでいて先生に注意された時に机をケリ、「ウザ」と言い、教室を出て行った。次の授業で注意された時も同じ様にキレてドアを強く閉めてみんなメイワクしていた。（中略）いびきをかいていて、先生に起こされ、逆ギレして「なんや。」などどなっていた。それで授業を進めれなくて他の人は困っていて、その事を先生が言うと、イスなどをけったりして、教室を出て行った。（4年・男性）
- 先生に向かって、平気で暴言を言い、反抗する学生。英語の授業だったが、先生から英語で質問した瞬間に「分かるわけないだろうが」と言っていた。先生は、「考えようとしたの？」と聞き返したが、その生徒は、「知るか。死ね」という暴言を吐いていた。

同じ2年生なのに、もう20歳になる年齢なのに、ここまで幼い人がいるんだなと思った。別に先生は、難しい質問をしているわけでもないのに、はなから聞く耳をもたずに、ましては（原文ママ）、暴言を言ってしまう。（2年・男性）

- 極端に暴言を吐く人は、1割くらいなのではないかと思う。（2年・女性）

教員から注意をされると、「机をケリ、「ウザ」と言い、教室を出て行」くし、「逆ギレして「なんや。」などどなって」、「イスなどをけったりして、教室を出て行」くといった反抗的な態度に出る。これはよく理解できる話である。なぜなら、先述のように、当の学生は、「私語」であろうが「いねむり」であろうが、「他者に迷惑をかけているわけではないのだから、とやかくいわれる筋合いはない」し、たとえ「他者に迷惑をかけているとしても、とやかくいわれる筋合いはない」とさえ考えている節があるからである。

しかし、教員の質問（しかも難しいわけではない質問）に対し、「「分かるわけないだろうが」」、「「知るか。死ね」という暴言を吐いて」しまう学生は理解し難い。とても教室内でのやりとりとは思えない。ただ、これが「カラオケボックス」や「店の駐車場」でのトラブルだと考えるとよく理解できる。ボーダーフリー大学教員に対するインタビューでは、そうした学生を「ヤンキーじゃない。チンピラだ。」と評していた[8]。ヤンキーどころか、チンピラに絡まれる危険性すらあるのが、ボーダーフリー大学の教室の実態なのである。ただし、「極端に暴言を吐く人は、1割くらいなのではないか」という記述からもわかるように、「教員への反抗」が、「疑似出席」や「ながら受講」のように、ボーダーフリー大学に蔓延しているわけでないことには留意しておきたい。

2 授業中の逸脱行動に対する学生の捉え方

前節では、ボーダーフリー大学生の授業中の逸脱行動の実態についてみてきた。「教員への反抗」に限らず、「疑似出席」や「ながら受講」という言葉で一般的に想像されるレベルを超えた「悪質な」行動も少なくなかったのではないだろうか。それでは、ボーダーフリー大学生は、こうした逸脱行動をどのように捉えているのだろうか。

- 普通に授業中にジュースを机の上に置いている人、ゲームをしている人、イヤホンで音楽を聴いている人は見かけます。でも、別にふまじめと思わなくなりました。多分、見慣れてしまって、それが普通になっているのだと思います。(2年・女性)
- 「ふまじめ」なのが普通のようになってきているので、私は特に何とも言えないと思った。携帯電話をいじったり、ゲームをしたり、音楽を聞いたりするのは良くないと分かっているが、私も、よく携帯をいじるので、ふまじめな人を見ても何とも思わなくなった。(2年・女性)
- 今までの学校生活の中でまじめでない態度が普通になってしまっているところもあると思います。今までの環境の中で授業中ケータイをいじっていたり、ガムやあめなどをたべたり、お茶やジュースを飲むということが普通におこなわれていたから、まじめでない態度になってしまっているのだと思います。逆に、まじめな態度で授業を受けようとしても自分的におちつかなくてなかなかまじめな態度で授業を受けることができないのではないのかなと私は思います。(1年・女性)

「見慣れてしまって、それが普通になっている」、「「ふまじめ」なのが普通のようになってきて」、「ふまじめな人を見ても何とも思わなくなった」といった記述からもわかるように、大学生活を過ごすなかで逸脱行動に対する認識の感度が鈍くなっていることがわかる。しかし、そうした認識の感度が必ずしも大学生活を過ごすなかだけで鈍くなっていったわけでないことは、「今までの学校生活の中でまじめでない態度が普通になってしまっている」という記述からも明らかである。大学入学以前に、既に授業中の逸脱行動が「普通におこなわれていたから、まじめでない態度になってしまって」いて、そのため、「まじめな態度で授業を受けようとしても自分的におちつかなくてなかなかまじめな態度で授業を受けることができない」のである。

このような逸脱行動に対する認識の感度の鈍さも手伝って、ボーダーフリー大学生の多くが授業中の逸脱行動を行っている。それでは、彼らが「許される」／「許されない」と考える逸脱行動のラインはどこにあるのだろうか。記述をみる限り、そのラインは明確に存在している。

- ふまじめな学生は、たくさんいると思います。授業の出席をとったら、本当た（原文ママ）ダメなんだけど帰ったり、授業中にタバコを吸いに行く生徒もいると思います。私は別に人の（原文ママ）迷わくがかからなければいいと思っています。（1年・女性）
- 別に授業中にねたり、出席だけとって出ていったりするのは周りの人に迷惑がかからないのでいいが、大声で話したり、物を食べたりなど、周りに害をあたえるようなことは本当にやめてほしいと思う。（2年・男性）
- 遅刻をしてくるや、出席だけとって出ていくや友人にたのんで出席はしないのがふまじめだと（ほかの人が）書いていたが（中略）、他の人間に迷惑はかけていないし、親が払うにしろ自分で払うにしろ同じだけの学費を納めているわけだから授業に出席する権利もあるし、遅刻にも色々な理由があるだろうと思う。なので、ふまじめだまじめだと、別に自分自身に害がないのであれば、大学生にもなって人にかんしょうしなくてもいいと思う。（4年・男性）

「別に人の（原文ママ）迷わくがかからなければいい」、「周りの人に迷惑がかからないのでいいが、（中略）周りに害をあたえるようなことは本当にやめてほしい」、「他の人間に迷惑はかけていないし、（中略）別に自分自身に害がないのであれば、大学生にもなって人にかんしょうしなくてもいいと思う」といった記述からも明らかなように、ボーダーフリー大学生の多くは、他者に迷惑をかけたり、害を与えたりするような逸脱行動でなければ、「許される」と考えている。

いうまでもなく、他者に迷惑をかけているか、害を与えているかの判断は、逸脱行動を行っている当の学生の主観に拠るものではない。先述のように、当の学生には他者に迷惑をかけていることなど認識できていないからである。また、他者に迷惑をかけている、害を与えているという範疇に、他者の学びの意欲を削いでいることは含まれていない。ボーダーフリー大学生の多くは、あくまで客観的にみて明確に、他者に迷惑をかけたり、害を与えたりするような逸脱行動は「許されない」と考えているが、そうでなければ「許される」と考えているのである。なお、ボーダーフリー大学生の授業中の逸脱行動に対する認識のイメージを、「「許されない」行動／「許される」行動」を縦軸、「非社会的行動／反社会的行動」を横軸に分類して示したのが図2-1である。

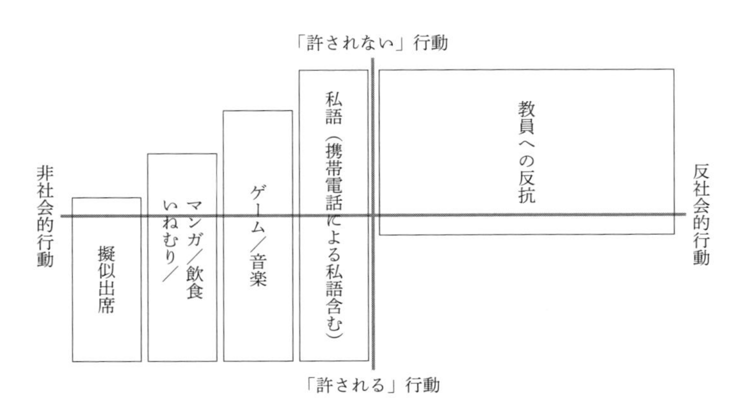

図2-1　授業中の逸脱行動の分類

それでは、そうした「許されない」逸脱行動を行っている学生は、A大学にどの程度存在しているのだろうか。記述をみる限り、学生の認識は比較的似通っている。

- A大学にはふまじめな学生が6～7割はいると思います。（中略）ふまじめな人が多い中、本当にすごい人たちは6～7割の中でも1割くらいだと思います。（3年・女性）
- 7～8割方はふまじめな学生なのかなと思った。「ふまじめ」にも程度があると思うので、内訳すると「超ふまじめ2割強」「だいぶふまじめ3割」「ふまじめ4割」。（1年・女性）
- 授業中に携帯をいじったり、居眠りをしたことがないなんて人間はいないと思うので、それをふまじめととらえたとしたらA大学の人間はすべてふまじめなんだと思う。私語が大きい、注意されてもしゃべる、ゲームや音楽の音量が大きいなど、他の人間に不快な思いを一瞬でも持たす人間がふまじめとしたら全体の4割くらいだろうと思う。（4年・男性）

「ふまじめな学生が6～7割」、「7～8割方はふまじめな学生」といった記述のように、学生の主観では、他者に迷惑をかけたり、害を与えたりするわけではない「許される」逸脱行動を行っている者を含めば、7割前後存在しているという意見が多い。なお、「A大学の人間はすべてふまじめ」という意見も一定数みられる。そのうち、他者に迷惑をかけたり、害を与えたりするような「許されない」逸脱行動を行っている学生はどの程度存在しているのだろうか。「本当にすごい人たちは（中略）1割くらい」、「「超ふまじめ2割強」「だいぶふまじめ3割」」、「他の人間に不快な思いを一瞬でも持たす人間がふまじめとしたら全体の4割くらい」といった記述をふまえると、「許されない」逸脱行動を行っている学生は3～4割程度存在しており、うち「特に許されない」逸脱行動を行っている学生は1～2割程度存在しているものと推察される。

こうした「許されない」逸脱行動を行っている学生に対して、そうでない学生は同じＡ大学生としての思いを以下のように綴っている。

- 自分自身がまじめとも思わないし、頭が良いと思いませんが、人間としてのルールは守るべきなのではないかと思いました。同じ大学生として、はずかしいなと思うことの方が思（原文ママ）いです。（3年・女性）
- 自分は諸事上（原文ママ）で、1年間だけ違う大学にいました。（中略）その時のイメージが、自分の中で“大学”だと思っていたので、Ａ大学に来てから、本当に残念で仕方ありません。失礼かもしれませんが、同じ大学生として異常だと思いました。（2年・男性）
- Ａ大学の生徒は基本的にズルがしこいのだ。（中略）甘い蜜を吸いたい学生は、かしこいと思う反面、見ていて腹が立つ。真面目に授業に出て、授業を聞いている人間はバカらしい、損をしていると、思わされてならない。同じＡ大生としては恥ずかしい。「大学生」とは名ばかりで、本当は幼稚園児や小学生並にレベルが低いと感じる。落ちつきがなく自分の事優先でありたいということが態度で表れている。あなた方は何歳だ？　同じ大学生としては引いた目でしか見えない。あきれてしまう。（1年・女性）

「許される」逸脱行動のラインの内側にいる学生は、そのラインの外側にいる学生に対して、「同じ大学生として、はずかしい」、「同じ大学生として異常」、「「大学生」とは名ばかりで、本当は幼稚園児や小学生並にレベルが低い」といったように、「自分とは違う種類の蔑むべき存在」として嫌悪感を露わにしている。しかし、ひとたび学外に出れば、そうした「自分とは違う種類の蔑むべき存在」も、自分と同じＡ大学の学生である。そのことで窮屈な思いをしている学生も少なくない。

- 私は「自分はA大学生です」と外部の人に自信を持って言うことはできません。なぜなら、外部の人から、A大学生は、あんまり良い印象に思われてないと思っているからです。（中略）外部の人に「私はA大学生です」と言うと、「マナー悪い大学の人か」と思われてそうなので、ふまじめな学生と一緒にされるのは嫌です。（2年・女性）
- 外でどこの大学生かと聞かれたら、答えないことはないのですが、最初からレベルの低い大学だと言っております。レベルが低いとは学力のことではなく、一般常識が成っていないという意味です。同じ大学に通っているという事実は変えられないですが、同じ勉強をして、同じ授業の単位を習得したとは考えておりません。（2年・男性）
- 先生に反こう的なたいどを取る人を見ていると、こんな人と同じ大学なんだ、下に見られるという意味がよく分かるなと思いました。（3年・女性）

「「自分はA大学生です」と外部の人に自信を持って言うことはできません」、「外でどこの大学生かと聞かれたら、答えないことはないのですが、最初からレベルの低い大学だと言っております」といった記述からは、自尊心を揺るがされることのないよう、窮屈な思いをしているボーダーフリー大学生の姿がうかがえる。

留意したいのは、そうした学生の窮屈な思いが、当該大学の入学難易度の低さに由来しているのでは必ずしもなく、当該大学の学生が「マナー悪い」、「一般常識が成っていない」、「先生に反こう的なたいどを取る」といったことに由来しているという点である。学生の窮屈な思いは、当該大学の学生の「しつけ」のいたらなさに由来しているといえよう。

記述から判断する限り、ボーダーフリー大学生は、入学難易度が低いことは承知のうえでそこに入学してきたのだから、その点に関連して自尊心を揺るがされることがあったとしても甘受せざるをえないと考えているように見受けられる。しかし、「しつけ」のいたらなさという点で、「自分とは違う種類の蔑むべき存在」と同列に扱われることは甘受するわけにはいかないと考えているようである。なぜなら、自分の価値がいたずらに低く見積もられてしまう危険性があるからである。「ふまじめな学生と一緒にされるのは嫌」だが、「同じ大学に通っているという事実は変えられない」以上、身分を隠す、予防線を張るといった、自尊心を揺るがされないための対処戦略を採る学生も少なくないのである。

3 大学の授業に対する学生の期待

前節でみてきたように、ボーダーフリー大学生の多くは、あくまで客観的にみて明確に、他者に迷惑をかけたり、害を与えたりするような逸脱行動は「許されない」と考えているが、そうでなければ「許される」と考えている。そうした彼らは、逸脱行動の蔓延する当該大学の授業をどのように捉え、どうあってほしいと考えているのだろうか。

- 先生も、生徒を注意することばかりで、授業を進めることも出来ず、わかりたい生徒も理解出来ないという悪循環がおこっていると思います。(2年・男性)
- 残りの3割の人は、いたってまじめです。残りの人だけでも、良い環境で、勉強できるようになったらなと思います。先生方も、もっときびしくしてほしいです。(2年・男性)
- ふまじめだとみんなが感じる学生がいるんだとしたら学校側が高い学費をみんなから受け取っているんだからそういうものを排除するべきだ。(4年・男性)

現状では、「先生も、生徒を注意することばかりで、授業を進めることも出来ず、わかりたい生徒も理解出来ないという悪循環がおこっている」ようである。大学の授業は本来学びのために存在するにもかかわらず、「良い環境で、勉強できるようになったらな」という当然担保されてしかるべき願いすら叶えられない現実がそこには存在している。そうした現実を打破すべく、学生が「先生方も、もっときびしくしてほしい」と考えるのは当然であるし、「ふまじめだとみんなが感じる学生がいるんだとしたら学校側が高い学費をみんなから受け取っているんだからそういうものを排除するべきだ」と考えるのも無理はない。特に「疑似出席」や「ながら受講」に対する厳格な対応を望む声は少なくない。

- 率先して後ろの席に座るようにしている人も多くそのような人達は講師の目ができるだけ届かないようにして出席だけしておけばいいという考え方なのだと思いますが、（中略）そんな人達でも普通に評価されるような講義ですとやはりまじめに取り組もうと考えていても影響を受けてしまいあまり本気で学習しようという気がなくなってしまいます。（中略）やる気を維持するための外的要因も重要になってくると思います。（3年・男性）
- 私は授業、講義では必ず指定席を設けて、私語をしている学生には大きな減点を与え、注意をしても聞かない場合には出席にしないという方法を取ればいいと考える。また、代返もできなくなります。私語を消すには、厳しくしないといけない。（2年・男性）
- ふまじめな学生を減らすために…。授業中であるならば、厳しいしつけをする。というのも、学生の意識に「この先生は怒らせてはならない」や「こわい、きびしい」という項目が組み込まれているであろう先生の講義ではたいていの学生は大人しくしており、騒ぐことがないように見える。対して、優しくおおらかである先生や、自分一人で話を進めて、一度話していて「怒られない」と分かった先生の講義では話し、飲み、食べ、音楽を聞いたりという人が多く見られる。（1年・女性）

先述のように、ボーダーフリー大学には、「まじめな態度で授業を受けようとしても自分的におちつかなくてなかなかまじめな態度で授業を受けることができない」学生が少なくない。こうした学生の学びの意欲は、たとえ他者に迷惑をかけたり、害を与えたりするわけではない「許される」逸脱行動であったとしても、それを許してしまう授業の雰囲気によって容易に崩れ去ってしまう。「そんな人達でも普通に評価されるような講義ですとやはりまじめに取り組もうと考えていても影響を受けてしまいあまり本気で学習しようという気がなくなってしまいます」という記述はその証左といえよう。

学びたいと思う学生の学びの意欲はもちろんのこと、「まじめな態度で授業を受けようとしても自分的におちつかなくてなかなかまじめな態度で授業を受けることができない」学生の学びの意欲をいかに維持するかは、彼ら自身が「許される」と考える逸脱行動すら「許さない」授業の雰囲気づくり、すなわち、学習環境の整備にかかっているといっても過言ではない。「やる気を維持するための外的要因」として、例えば「必ず指定席を設けて、私語をしている学生には大きな減点を与え、注意をしても聞かない場合には出席にしない」といった対応まで望む声は、さすがに学びの意欲が高い学生に限られるだろう。しかし、記述から判断する限り、授業中の逸脱行動への対応を「厳しくしないといけない」と考える学生は、学びの意欲が高い学生に限らず、他者に迷惑をかけたり、害を与えたりするわけではない「許される」逸脱行動を行っている学生にも少なくないようである。こうした「厳しいしつけ」の効果は、「学生の意識に「この先生は怒らせてはならない」や「こわい、きびしい」という項目が組み込まれているであろう先生の講義ではたいていの学生は大人しくしており、騒ぐことがないように見える」という記述からも明らかである。

4 まとめと考察

本章では、学習面での問題を抱える学生が支配的だと教室はいかなる状態に陥るのか、という問題関心のもと、授業中の逸脱行動の実態だけでなく逸脱行動に対する学生の捉え方や大学の授業に対する学生の期待を分析の視角として、ボーダーフリー大学が直面している教育上の困難を明らかにしてきた。本章で得られた主要な知見は以下の通りである。

第一に、ボーダーフリー大学では、「疑似出席」や「ながら受講」のような非社会的逸脱行動が蔓延している。しかし、これらは程度差はあったとしても、ボーダーフリー大学以外の大学でもみられうる逸脱行動である。その点で、「教員への反抗」という反社会的逸脱行動は、ボーダーフリー大学を特徴づけるものであるが、蔓延しているわけではない。

第二に、ボーダーフリー大学生の多くは授業中の逸脱行動を行っているが、彼らが「許される」あるいは「許されない」と考える逸脱行動のラインは明確に存在している。すなわち、あくまで客観的にみて明確に、他者に迷惑をかけたり、害を与えたりするような逸脱行動は「許されない」と考えているが、そうでなければ「許される」と考えている。

第三に、ボーダーフリー大学生の学びの意欲は、たとえ他者に迷惑をかけたり、害を与えたりするわけではない「許される」逸脱行動であったとしても、それを許してしまう授業の雰囲気によって容易に崩れ去る。学生の学びの意欲をいかに維持するかは、彼ら自身が「許される」と考える逸脱行動すら「許さない」学習環境の整備にかかっている。

特に第一の知見に要約される授業中の逸脱行動の実態（第1節参照）は、大学のありようによって顕在化したり、潜在化したりするため、すべてのボーダーフリー大学に一般化できるわけではない。しかし、学習面での問題を抱える学生が集うボーダーフリー大学の教室には、このような実態を生み出す素地が十分に備わっていると考えてもよいだろう。

そうした素地が十分に備わっており、授業中の逸脱行動として顕在化しているボーダーフリー大学においてまずもって重要なのは、学習環境の組織的整備であろう。ここで留意したいのは、ボーダーフリー大学には、先述のように、学習面での問題を抱える学生が非常に多いため、真面目な態度で授業を受けようとしてもそれができない学生が少なくないという点である。こうした学生の学びの意欲は、第三の知見に示すように、たとえ他者に迷惑をかけたり、害を与えたりするわけではない「許される」逸脱行動であったとしても、それを許してしまう授業の雰囲気によって容易に崩れ去ってしまう。学びたいと思う学生の学びの意欲はもちろんのこと、「真面目な態度で授業を受けようとしてもそれができない学生」の学びの意欲をいかに維持するかは、彼ら自身が「許される」と考える逸脱行動すら「許さない」学習環境の組織的整備にかかっているといっても過言ではない。

学習環境の組織的整備の一環として、授業中の逸脱行動を行わないよう注意喚起する内容を掲示したり、学生便覧や履修の手引き等へ記載したりする大学は少なくない。しかし、それだけでは実質的な効果が期待できないため、教員が共通理解をしたうえで明文化された文書を配布までして学生に説明を行っているような大学もある（葛城 2013b）。また、個々の教員が授業中の逸脱行動への対応を行っているか、チェックできる項目を学生による授業評価に設けている大学も少なくない。こちらも、それだけでは実質的な効果が期待できないため、そうした項目を含む授業評価の結果をランキング形式で学生にも公表するなど、非常に徹底した取組を行っている大学もある（同上）[9]。

いずれの方策を採るにせよ、ボーダーフリー大学では、こうした学習環境の組織的整備は教育の実を上げるための前提として非常に重要である。その前提のもと、学生の学習面での問題の克服のためにどういった取組を行うのが効果的なのか、次章ではいよいよその点に迫ってみたい。

注

[1] ただし、これらの項目については、ボーダーフリー大学の特徴を相対的に色濃く有している「非選抜型大学」と「強選抜型大学」との間には有意な差がみられるものの、「非選抜型大学」と「弱選抜型大学」との間にはそれはみられない。

[2] ただし「いねむり」については、後述のように、「Fランク大学」と「中堅大学」との間には有意な差はみられない。

[3] 遠藤（2006）は、「達成の本質がいつの間にか失われ、代用的な別種の事柄（アリバイ）へと置き換わること」（17頁）を「疑似達成」と呼び、出席（点）はその典型だと言及している。こうした言及を参考に「疑似出席」という表現を用いた。

[4] 先述の葛城（2007）によれば、「授業はできるだけ休まないようにしている」という問いに対し、「Fランク大学」の学生の8割弱が肯定的回答をしており、その割合は「中堅大学」の学生よりも有意に高かった。授業に出席さえしておけば単位を取得することができると考えているからこそ「授業はできるだけ休まないようにしている」ことがうかがえる。

[5] 島田（2001）の「ながら聴取」という表現を参考にした。なお、島田（2001）は、授業を聞くことに重みがあるのではなく、ほかのことをすることのほうにウェイトがあるのを「ながら非聴取」、授業をまったく聞こうとしないのを「非聴取的聴取」と表現している。

[6] 三浦（2008）は、「早稲田大学に行くと学生が床で寝ているんで驚くよ。」（82頁）と言及している。

[7] 電子たばこなのが彼らなりの配慮かとも思っていたのであるが、2013年10月に再調査を行ったところ、普通のたばこを吸っている学生の存在も確認した。

[8] このインタビュー調査は、偏差値40台半ば以下の複数の大学の教員を対象として、2010年12月から2012年3月にかけて実施したものである。実際の語りは以下の通りである。

「足元はキティちゃんのサンダル、上下スウェットで、首はドーベルマンの首輪みたいな。（中略）「ヤンキーみたいだ。」っていったら、（同僚が）「あれは、ヤンキーじゃない。」って、「チンピラだ。」って。」（教員b：偏差値40台半ばのb大学、社会科学系学部所属、講師、30代、女性）

[9] この大学では、授業中の逸脱行動への対応が不十分な教員には様々なプレッシャーがかけられるため、その対応が徹底されるようになり、その結果、授業中の逸脱行動もみられなくなったとのことである。

第3章 学生はどうすれば学習するのか

第1章では、ボーダーフリー大学では、学習面での問題を抱える多くの学生がそれを克服できないまま卒業している可能性が決して小さなものではないことから、学生の学習面での問題の克服こそが、当該大学の主たる教育目的として位置づけられるべきではないかと述べた。なぜなら、卒業時までにそれを克服させることができなければ、卒業後のキャリアにおいて大きな損失を被る可能性があるからである。

例えば、居神（2014）が、ボーダーフリー大学の現場で大学教員としてのプライドをかなぐり捨ててもやるべきことのひとつとして、「初等教育の時点でつまずいていることによる「わからなさ」にとことんつきあうこと」（29頁）を挙げているのは、それが「大卒の労働市場において要求される最低水準の基礎学力を身につけさせるといった意味で、「まっとうな企業」（最近、社会問題化している「ブラック企業」のような「ブラック」な要素が少しでも少ない企業）へ雇用される能力の開発につながる」（同上）からである。ボーダーフリー大学生の「大学の成績」が、そもそも就職活動をするかしないかに影響を与えていることを示唆する小山（2006）の知見や、内定を得られるか否かに影響を与えていることを示唆する堀（2007）の知見[1]は、こうした居神の指摘を支持するものといえるだろう。

その影響は雇用された後も続く。例えば、矢野（2005）は、大学時代の「学習熱心度」は、職場における現在の地位に直接的には影響を与えていないものの、「卒業時の知識・能力獲得」を媒介として間接的に影響を与えていることを明らかにしている[2]。また、保田・溝上（2014）は、大学時代の「主体的な学修態度」は、初期キャリアにおける組織社会化に影響を与えているだけでなく、職場における現在の能力向上にも影響を与えていることを明らかにしている。これらの知見は、ボーダーフリー大学の卒業生に対象を限定して得られたものではないが、彼らもその例外ではないと考えてよいだろう。

以上のことからも明らかなように、ボーダーフリー大学生が抱える学習面での問題を卒業時までに克服させることは、彼らの卒業後のキャリアのことを考えれば非常に重要である。そこで本章では、その克服のためにどういった取組を行うのが効果的なのかについて考えるべく、どうすれば学習面での問題を抱えるボーダーフリー大学生でも学習するようになるのか、という問いへのアプローチを通して、その学習・教育の実態に迫ってみたい。

使用するデータの概要

本章で使用するデータは、「中堅下位ランク以下の大学（正確には学部）」（「学部長調査」と同様、偏差値50未満と定義）に所属している教員（講師以上）を対象として、2018年9月から2019年1月にかけて実施したアンケート調査（以下、「教員調査」）に基づくものである。有効回答者数は1,083名であり、配布数を母数とした回答率は26.4％であった。

第1章と同様、定員充足率に着目し、「80％未満」の「重度BF大学」群、80％以上100％未満の「軽度BF大学」群、「100％以上」の「BF大学予備軍」群の3群に分類して群間比較を行うこととする。各群のサンプルは、「重度BF大学」群が369名、「軽度BF大学」群が285名、「BF大学予備軍」群が423名である。

各群の基本的属性（学部系統、年齢層、最高学位、教員種）は表3-1に示す通りである。ボーダーフリー大学2群で比較すると、「重度BF大学」群は「軽度BF大学」群に比べ、学部系統[3]については「人文科学系」

表3-1　各群の基本的属性

	全体	学部系統				年齢層			最高学位			教員種	
		保健系	理・工学系	人文科学系	社会科学系	ベテラン層	中堅層	若手層	博士	修士	学士	一般教員	実務家教員
全体	1083	267	279	205	326	540	310	224	601	382	68	1010	46
		24.8%	25.9%	19.0%	30.3%	50.3%	28.9%	20.9%	57.2%	36.3%	6.5%	95.6%	4.4%
重度BF大学	369	75	75	111	108	216	82	67	183	139	37	343	18
		20.3%	20.3%	30.1%	29.3%	59.2%	22.5%	18.4%	51.0%	38.7%	10.3%	95.0%	5.0%
軽度BF大学	285	81	77	34	93	139	97	49	145	119	15	265	13
		28.4%	27.0%	11.9%	32.6%	48.8%	34.0%	17.2%	52.0%	42.7%	5.4%	95.3%	4.7%
BF大学予備軍	423	111	127	60	125	183	127	108	269	122	16	396	15
		26.2%	30.0%	14.2%	29.6%	43.8%	30.4%	25.8%	66.1%	30.0%	3.9%	96.4%	3.6%

注：上段は実数、下段は割合。

が多い一方、「保健系」がやや少なく、年齢層[4]については「ベテラン層」がやや多い一方、「中堅層」がやや少ない。最高学位については基本的に大差はないが、「学士」がやや多めである。教員種については大差なく、「実務家教員」は5%程度とごくわずかであることには留意されたい。なお、回答状況はこうした基本的属性、特に学部系統によって少なからず異なることは想像に難くないが、紙幅の関係から詳細な検討は必要に応じて行うこととしたい。学部系統による差異に着目した分析結果については、葛城（2020a）を参照されたい。

1　授業外学習時間の規定要因に関する先行研究

どうすれば学習面での問題を抱えるボーダーフリー大学生でも学習するようになるのか。本節では、ボーダーフリー大学生の授業外学習時間の規定要因に関する先行研究からその手掛かりを探してみたい。なお、以下で示す先行研究には、「授業外学習時間」を、授業に関連する学習時間に限定するものと限定しないものがあるため、特に前者については「授業外学修時間」と表記する。

葛城（2007）は、偏差値40程度の「Fランク大学」の学生を対象として実施したアンケート調査に基づき、高校生活の過ごし方、大学の授業に対する認識・態度、就職に対する意識という3つの視角から、授業外学習時間を規定する要因についての分析を行っている。その結果、当該大学の学生は、大学の授業に対して比較的肯定的な認識・態度を有しており、そのうえ、卒業後に希望する進路も決定しているにもかかわらず、それらが授業外学習時間に有意な影響を与えておらず、高校時代に学業に熱心に取り組んでいるか否かというこの一点が、ボーダーフリー大学生の授業外学習時間を左右する決定的に重要な要因となっていることを示唆する知見を明らかにしている。

葛城は、こうした結果には、特に授業時間以外でまったく学習をしない学生の学習習慣や学習レディネスのなさ等が大きく関係していると指摘する。すなわち、こうした学生は、高校時代に勉学中心の学校文化に距離をとり、学習に対する親和性に乏しかったため、仮に大学の授業に対して肯定的な認識・態度を有しており、卒業後に希望する進路が決定していたとしても、それを自らの学習につなげていくことができないというのである。

この知見だけみると、あたかもボーダーフリー大学生が授業外で学習するか否かは大学入学時点で既に決定してしまっているようにもみえるが、必ずしもそういうわけではない。なぜなら、葛城の分析枠組みには、大学入学後の授業経験が含まれていないからである。谷村（2009）は、「全国大学生調査」（東京大学大学院教育学研究科大学経営・政策研究センター）で得たデータのうち、偏差値40前後の複数の社会科学系学部の学生を分析対象として、大学入学後の授業経験も考慮したうえで、授業外学習時間を規定する要因についての分析を行っている。その結果、「相互作用型授業」は学習時間に有意な（正の）影響を与えていることが確認され、大学入学後の授業経験によって、ボーダーフリー大学生の学習時間が変化しうることを示唆する知見を明らかにしている。

ここでいう「相互作用型授業」とは、「グループワークなど、学生が参加する」、「適切なコメントが付されて課題などの提出物が返却される」、「授業中に自分の意見や考えを述べる」、「TAなどによる補助的な指導がある」といった経験を伴う授業のことを指している。谷村は、「相互作用型授業」の効果の解釈として、「第一にグループワークや意見の表明・交換を含むような授業が多いということは、授業のための準備を相対的に多く強いる傾向があり、そのことが学習時間を増加させている」（133頁）可能性、「第二に、意見表明や他者との相互作用の機会は学生の関心や学習意欲を喚起し、すべてではないにせよその後の授業への取り組みを積極的にさせている」（同上）可能性、「第三に、補助的指導体制が授業外での学習をサポート・促進している」（同上）可能性の三点を挙げている。

また、葛城（2010）も、約50大学の学生を対象として実施したアンケート調査に基づき、大学入学後の授業経験も考慮したうえで、授業外学修時間を規定する要因についての分析を入学難易度別に行っている。その結果、ボーダーフリー大学の特徴を相対的に色濃く有している「低難易度群」（偏差値50未満）では、「学生へのフィードバック」や「カリキュラムの体系性」が授業外学修時間に有意な（正の）影響を与えていることが確認され、大学入学後の授業経験によって、当該大学生の授業外学修時間が変化しうることを示唆する知見を明らかにしている。

ここでいう「学生へのフィードバック」とは、「提出物はきちんと返される」や「返された提出物には十分なコメントがつけられている」等から構成される因子のことであり、「カリキュラムの体系性」とは、「卒業するには何をどこまで学べばよいかが示されている」や「教育課程全体の中での各授業科目の位置づけが明確だ」等から構成される因子のことである。なお、「学生へのフィードバック」や「カリキュラムの体系性」は授業外学修時間に有意な影響を与えてはいるものの、学習習慣や学習レディネス、学習に対する親和性のほうがより強い影響を与えているという分析結果が得られていることには留意しておきたい。

2　学習面での問題を抱える学生に学習を促す取組

前節でみてきた先行研究の知見から、学習面での問題を抱えるボーダーフリー大学生でも学習するように促すためのポイントを導き出すならば、以下の三点が挙げられよう。すなわち、第一に、学習習慣や学習レディネスをしっかりと身につけさせるべく意識的に取り組むこと（ポイントⅠ）、第二に、「相互作用型授業」を積極的に取り入れること（ポイントⅡ）、第三に、授業の意味を学生に十分認識させること（ポイントⅢ）、の三点である。

それでは、ボーダーフリー大学教員は上記のポイントを押さえた取組をどの程度行っているのだろうか。本節では、「教員調査」で得られた結果に基づき、確認していきたい。「教員調査」では、「あなたは、以下のような教育活動をどの程度行っていますか。」とたずね、「行っている」から「行っていない」までの4つの選択肢のなかから回答を求めている。その結果を3群間でのカイ二乗検定による検討結果もあわせて示したのが表3-2である。

表3-2　以下のような教育活動をどの程度行っているか

		全体	重度BF大学	軽度BF大学	BF大学予備軍	
ポイントⅠ	学生の授業外学修を促進する機会（課題など）を積極的に設けること	70.6%	68.1%	74.3%	69.7%	
ポイントⅡ	学生が授業に参加するグループワークなどの機会を積極的に設けること	68.5%	65.0%	69.6%	70.4%	
	適切なコメントを付して課題などの提出物を返却すること	68.7%	68.5%	70.0%	67.6%	
	学生が授業中に自分の意見や考えを述べる機会を積極的に設けること	75.4%	77.3%	76.5%	72.8%	
ポイントⅢ	各授業での学びが学生にとってどのような意味があるのか十分説明すること	93.7%	91.2%	96.1%	94.2%	
その他	一定の知識・技能等が身についているかどうかに基づき成績評価すること	91.7%	90.4%	93.2%	91.8%	

注：*** は $p < 0.001$、** は $p < 0.01$、* は $p < 0.05$、† は $p < 0.1$。値は肯定的な回答の割合。

まず、ポイントⅠ「学習習慣や学習レディネスをしっかりと身につけさせるべく意識的に取り組むこと」に対応する項目として設定した「学生の授業外学修を促進する機会（課題など）を積極的に設けること」[5]の回答状況をみてみよう。

これをみると、ボーダーフリー大学に該当する2群とも、「行っている」に「どちらかといえば行っている」を合わせた肯定的な回答の割合は7割程度である。その他の取組との相対的な比較でいえば、やや低調な取組といえそうである。

次に、ポイントⅡ「「相互作用型授業」を積極的に取り入れること」に対応する項目として設定した「学生が授業に参加するグループワークなどの機会を積極的に設けること」、「適切なコメントを付して課題などの提出物を返却すること」、「学生が授業中に自分の意見や考えを述べる機会を積極的に設けること」[6]の回答状況をみてみよう。

これをみると、ボーダーフリー大学に該当する2群とも、肯定的な回答の割合は、「学生が授業中に自分の意見や考えを述べる機会を積極的に設けること」では7割台後半にまで及んでいる[7]ものの、「学生が授業に参加するグループワークなどの機会を積極的に設けること」と「適切なコメントを付して課題などの提出物を返却すること」では総じて7割に満たない[8]。その他の取組との相対的な比較でいえば、特に後二者はやや低調な取組といえそうである。

最後に、ポイントⅢ「授業の意味を学生に十分認識させること」に対応する項目として設定した「各授業での学びが学生にとってどのような意味があるのか十分説明すること」の回答状況をみてみよう。

これをみると、ボーダーフリー大学に該当する2群とも、肯定的な回答の割合は9割を超えている[9]。その他の取組との相対的な比較をするまでもなく、大多数の教員がこうした取組を行っているようである。

なお、「BF大学予備軍」群を含む3群間では、いずれについても有意な差がみられないことから、「中堅下位ランク以下の大学」だと定員充足状況に関係なく、同様の傾向にあると考えられる。

このように、学習面での問題を抱えるボーダーフリー大学生でも学習するように促すためのポイントに対応する取組ということでいえば、ポイントⅢに対応する取組は大多数の教員が行っており、それに比べると、ポイントⅠ・Ⅱに対応する取組は比較的多くの教員が行っているとはいえ、やや低調であることは否めない。このような取組状況の差を生み出す要因として、ここでは4つ挙げてみたい。すなわち、①取り組みやすさ、②大学側の教員への働きかけ、③取組に対する必要性の認識、④教員の属性、である（図3-1参照）。

まず、「①取り組みやすさ」についてであるが、改めていうまでもなく、取組には物理的負荷あるいは精神的負荷の大きいものから小さいものまである。その負荷が小さければ取組の促進要因となりうるし、大きければ取組の阻害要因となりうるということである。次に、「②大学側の教員への働きかけ」について、大学側は大学の掲げる目的（教育に限らない）を果たすべく、その達成に資する取組を行うよう教員に働きかけるが、これも当然のことながら、取組によって働きかけの強いものから弱い（あるいは、ない）ものまである。その働きかけが強ければ取組の促進要因となりうるということである。さらに、「③取組に対する必要性の認識」についてであるが、例えば、いかに大学側から取組を行うよう働きかけられたとしても、取り組む必要性を強く認識できるものから認識できないものまである。その必要性の認識が強ければ取組の促進要

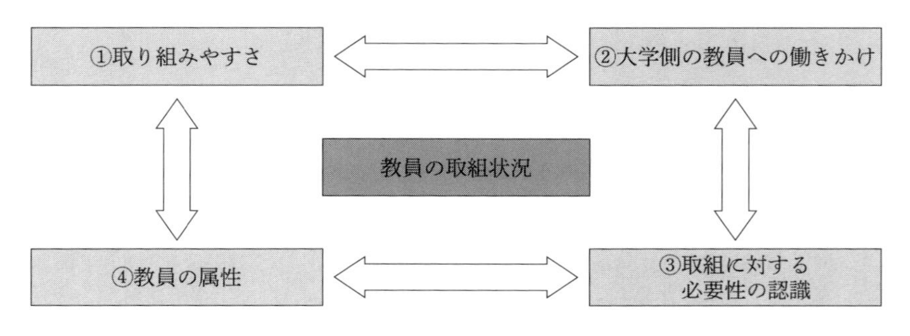

図3-1　教員の取組状況の差を生み出す要因

因となりうるということである。最後に、「④教員の属性」についてであるが、教員がどのような人物であるかによって、例えば「①取り組みやすさ」への感じ方は大いに変わりうるし、「③取組に対する必要性の認識」もまた大いに変わりうる。すなわち、教員の属性が、取組の促進要因にも、阻害要因にもなりうるということである。以上の4つの要因間の力学によって、教員の取組状況が決まると考えられよう。

話を戻せば、ポイントⅢに対応する取組を大多数の教員が行っているのは、「①取り組みやすさ」もさることながら、「③取組に対する必要性の認識」が促進要因として強く機能しているものと考えられる。すなわち、ボーダーフリー大学生は授業を無意味なものとみなす傾向が強いことを示唆する知見に鑑みれば[10]、現場で教育にあたる教員にとっては、学生に聞く耳を持ってもらうにはまずもってやるに値する取組ということなのではなかろうか。

一方のポイントⅠ・Ⅱに対応する取組がやや低調であるのは、特に「①取り組みやすさ（ここでは「取り組みにくさ」の意）」が阻害要因として強く機能しているからではないかと考えられる。この点については次節で詳細に論じたい。ここで留意したいのは、ポイントⅠ・Ⅱに対応する取組は、「②大学側の教員への働きかけ」が促進要因として強く機能してもおかしくないという点である。すなわち、授業外学修やアクティブ・ラーニングは、2012年の中央教育審議会答申（以下、中教審答申）「新たな未来を築くための大学教育の質的転換に向けて」（質的転換答申）以降、文部科学省から強く「推奨」される取組であり、大学側としてはそうした取組を行うよう、教員側に働きかけざるをえない状況にあるからである（実際の働きかけの状況は第4章で取り上げる）。しかし、あえて「働きかけざるをえない」とネガティブな表現を用いていることからもわかるように、その働きかけはえてして形骸化したものになりがちであるがゆえに、「②大学側の教員への働きかけ」が促進要因として強く機能する可能性は残念ながら低いのである。

3　学習面での問題を抱える学生に学習を促す取組の実態

前節では、ポイントⅠ・Ⅱに対応する取組がやや低調であるのは、特に「①取り組みやすさ（ここでは「取り組みにくさ」の意）」が阻害要因として強く機能しているからではないかと述べた。本節では、ポイントⅠ・Ⅱに対応する取組はなぜ取り組みにくいのか、という問題意識を持ちつつ、そうした取組の実態について解き明かしていきたい。

3-1　学習習慣等を身につけさせるべく意識的に取り組むこと

まず、ポイントⅠ「学習習慣や学習レディネスをしっかりと身につけさせるべく意識的に取り組むこと」に対応する取組からみていこう。前節で示したように、学生の授業外学修を促進する機会（課題など）を積極的に設けているボーダーフリー大学教員はやや低調とはいえ、比較的多い（7割程度）。まだ伸びしろはあるものの、これだけの教員が意識的に取り組んでいるのであれば、学生に学習習慣や学習レディネスが身についてもよさそうなものであるが、そんな楽観的な展開にはどうもならないようである。なぜそうならないのか、ここでは宇田（2023a）の知見を手掛かりに解き明かしていきたい。

宇田は、偏差値30台後半の「ボーダーフリー大学」の学生を対象として実施したインタビュー調査に基づき、「ボーダーフリー大学生に学習習慣を身につけさせるのがなぜ困難なのか」という問いに迫っている。そこで得られた興味深い知見のひとつが、当該大学の学生は、高校時代に学習習慣を獲得していた学生ですら、大学進学後、学習習慣を維持することができていないという知見である。こうした状況は、大学生一般に広くみられる現象ではあるが、先にみたボーダーフリー大学の状況と照らし合わせて考えると実に奇妙な現象とはいえまいか。すなわち、ボーダーフリー大学では、比較的多くの教員が学習習慣や学習レディネスを身につけさせるべく意識的に取り組んでいるように見受けられるにもかかわらず、結果的には、高校時代に学習習慣を獲得していた学生ですら、それを維持することができていない可能性がうかがえるからである。

宇田は、高校時代に学習習慣を獲得していた学生ですら、それを維持することができていない状況には、(1) 成績評価のあり方、(2) 事前・事後学修のあり方、(3)（定期）試験のあり方が関係していると結論付けている。すなわち、インタビューを実施した大学では、(1) 授業に出席さえしておけば単位を取得することができる、というような成績評価が行われていること、(2) 教員から事前・事後学修が課されることはほとんどなく、仮に課されたとしても、学習負荷のかからないものが課されていること、(3) 教員が事前に試験問題を開示しているだけではなく、その開示の程度も高い傾向にあることを明らかにしている。

こうした状況は、当該大学に限った話ではなく、ボーダーフリー大学では一般的に行われていると考えられる。なぜなら、ボーダーフリー大学では、卒業や就職が最大関心事であり、最優先事項であるため、卒業や就職の「足枷」とならないよう、大前提として成績評価を緩くせざるをえないからである。ボーダーフリー大学教員に対するインタビューでは、そうした語りは枚挙にいとまがないが、特に端的に表現されているのは次の語りである[11]。

「普通にというか、真面目に、ほかの大学でやるような感じで多分採点したら、まぁ8割9割落ちるんで、なんかそういう意味では、もう超ゆるゆるで下駄履かせる感じで、なんか放置するっていう感じで。」（教員c：偏差値40代半ばのc大学、社会科学系学部所属、講師、30代、男性）

「不可になるのは授業に出てない子だけ。（中略）ペーパーでどんな点とってようと。だから、反対にいえば、例えば「何でこの子落としたんですか?」って聞かれたときに、「いや、この子は規定の授業時間、授業来てないんです。」っていうこと以外、理由がない。」（教員b：偏差値40代半ばのb大学、社会科学系学部所属、講師、30代、女性）

学習面での問題を抱えるボーダーフリー大学生を「ほかの大学でやるような感じで多分採点したら、まぁ8割9割落ちる」ため、「超ゆるゆるで下駄履かせる感じで、なんか放置するっていう感じ」になってしまうのだという。そして結局のところ、「ペーパーでどんな点とってようと」「不可になるのは授業に出てない子だけ」になってしまうのだという。このような「授業に出席さえしておけば単位を取得することができる、というような成績評価」のことを「履修主義」に基づく成績評価と呼ぶが、こうした成績評価を行っているボーダーフリー大学教員は決して少なくない。「履修主義」に基づく成績評価が組織的に行われることも珍しくないのである。教員bは、授業には出席しているが、評価基準に満たない学生を不可にしようとして、上司から露骨に圧力をかけられた経験を、次のように語っている。

「（単位を落とそうとしたら）上司が成績とめたんです。そのときに「たくさん落とした先生は辞めてもらいました。」っていわれたから、ほんと悔しくて。（中略）単位出すということに関しては、対学生というよりも、対大学組織のなかで浮かないようにする戦略になってます。」

こうした「履修主義」に基づく成績評価が理念的に望ましくないのはもちろんのこと、それがあからさまに行われれば、文部科学省からの「指導」の対象になりうる。そのため、ボーダーフリー大学教員は、実質的には「履修主義」に基づく成績評価を行うことになるとしても、一定の知識・技能等が身についているかどうかに基づく成績評価、すなわち、「修得主義」に基づく成績評価をせざるをえない。実際、表3-2に示すように、「一定の知識・技能等が身についているかどうかに基づき成績評価すること」、すなわち「修得主義」に基づく成績評価の取組状況をたずねると、ボーダーフリー大学に該当する2群では、肯定的な回答の割合は9割に及んでいる[12]。その葛藤の結果が、「教員が事前に試験問題を開示しているだけではなく、その開示の程度も高い傾向にある」定期試験となるのだろう。

このような「履修主義」に基づく成績評価のあり方は、事前・事後学修のあり方にも強い影響を及ぼす。宇田は、事前・事後学修が課されていたとしても、学生がそれに取り組んでいるかを確認する機会が設けられていないことから、「これでは、学生に「事前・事後学修は、取り組む必要のないもの」という考えを持たせることに繋がりかねない」(70頁)と指摘している。しかし仮に確認する機会を設けたとしても、その結果を成績評価に反映させることは、「履修主義」に基づく成績評価に(悪)影響を及ぼす可能性がある。文部科学省に「推奨」される授業外学修の要求に応えつつ、「履修主義」に基づく成績評価に(悪)影響が及ばないようにしようとすると、いきおい「事前・事後学修が課されたとしても、学習負荷のかからないものが課されている」状況にならざるをえないのである。

3-2 「相互作用型授業」を積極的に取り入れること

次に、ポイントⅡ「「相互作用型授業」を積極的に取り入れること」に対応する取組についてみてみよう。前節で示したように、学生が授業中に自分の意見や考えを述べる機会を積極的に設けているボーダーフリー大学教員は比較的多い(7割台後半)のに対し、学生が授業に参加するグループワークなどの機会を積極的に設けたり、適切なコメントを付して課題などの提出物を返却したりしている当該大学教員は相対的に少ない(7割弱)。ここでは、なぜ後者のような取組が低調なのかという点に留意しつつ、葛城・西本・宇田(2018)の知見を手掛かりに、その実態を解き明かしていきたい。

まず、学生が授業に参加するグループワークなどの機会を積極的に設けるような取組を行っているボーダーフリー大学教員は、相対的には少ないとはいえ、先述のように7割弱は存在している。まだ伸びしろはあるものの、これだけの教員がグループワークを積極的に取り入れているのであれば、学習面での問題を抱えるボーダーフリー大学生でも学習するように促されてもよさそうなものであるが、こちらもそんな楽観的な展開は期待できそうにない。

なぜなら、葛城・西本・宇田（2018）は、先述の学生調査（第1章参照）に基づき、「ボーダーフリー大学」で行われているグループワークは「中堅大学」のそれに比べ、授業外学修を想定しないものが多いことを示唆する結果を明らかにしているからである。こうしたグループワークをいくら積極的に取り入れたところで、学習面での問題を抱えるボーダーフリー大学生が学習するように促される可能性は低い[13]。その可能性を高めるためには、授業外学修を想定したグループワークを取り入れなければ意味がないのである。ただ、学習習慣の著しい欠如のような学習面での問題だけでなく、発達障害等に伴うコミュニケーションの困難さ、長時間のアルバイトをしなければ授業料の納入が困難になるという経済的な要因等、複合的な要因が見え隠れするなかで、授業外学修を想定したグループワークを成立させるのが極めて困難であることには留意しておきたい。だからこそ、ボーダーフリー大学では、学生が授業に参加する機会として、グループワークなどの機会を設けるよりも、自分の意見や考えを述べる機会を設ける教員のほうが多くなるのだろう。

一方、適切なコメントを付して課題などの提出物を返却するような取組を行っているボーダーフリー大学教員も、相対的には少ないとはいえ、先述のように7割弱は存在している。こちらもまだ伸びしろはあるものの、これだけの教員が適切なフィードバックを行っているのであれば、学習面での問題を抱えるボーダーフリー大学生でも学習するように促されてもよさそうなものであるが、必要以上に期待するのは酷であろう。

なぜなら、こうした取組は、教員にとって物理的負荷の大きい作業だからである。効果を期待するならばその頻度を増せばよいだろうが、それを行うことはただでさえ多忙を極める教員自身の首を絞めることになる。そのため、適切なコメントを付して提出物を返却していると回答している教員であっても、担当科目のすべてで行っているとは限らないし、行っている科目でもそう頻繁に行っているわけではない者が多いのではないかと推察される。

加えて、特に留意しておきたいのは、こうした取組は、物理的負荷だけでなく、精神的負荷の大きい作業にもなりうるという点である（葛城・西本・宇田 2018）。すなわち、ボーダーフリー大学生の特徴のひとつとして、落とし物や忘れ物の多さが挙げられるのだが、そのなかには適切なコメントを付して返却した提出物も含まれる。学生のためと思い時間をやりくりしてコメントしたにもかかわらず、授業後には放置されてしまうという現実がそこには存在しているのである。こうした光景を繰り返し目の当たりにすると、コメントを付して提出物を返却しようという気力が失せていくのも無理からぬことであろう。その結果、そうした取組を行うにせよ、頻度の低下もさることながら、コメントの質・量の低下といった悪影響が生じるだろうことは容易に想像できる。

4 まとめと考察

本章では、どうすれば学習面での問題を抱えるボーダーフリー大学生でも学習するようになるのか、という問いを立て、当該大学生の授業外学習時間の規定要因に関する先行研究から得られた知見を手掛かりとしたその問いへのアプローチを通して、当該大学における学習・教育の実態に迫ってきた。本章で得られた主要な知見は以下の通りである。

第一に、ボーダーフリー大学生の授業外学習時間の規定要因に関する先行研究の知見から、学習面での問題を抱えるボーダーフリー大学生でも学習するように促すためのポイントとして以下の三点を導き出した。すなわち、学習習慣や学習レディネスをしっかりと身につけさせるべく意識的に取り組むこと（ポイントⅠ）、「相互作用型授業」を積極的に取り入れること（ポイントⅡ）、授業の意味を学生に十分認識させること（ポイントⅢ）である。

第二に、上記のポイントⅢに対応する取組は大多数の教員が行っており、それに比べると、ポイントⅠ・Ⅱに対応する取組は比較的多くの教員が行っているとはいえ、やや低調である。これには、前者については「①取り組みやすさ」もさることながら、「③取組に対する必要性の認識」が促進要因として強く機能しており、後者については、特に「①取り組みやすさ（ここでは「取り組みにくさ」の意）」が阻害要因として強く機能しているものと考えられる。

第三に、ポイントⅠ・Ⅱに対応する取組は、前者については、ボーダーフリー大学に根付く「履修主義」に基づく成績評価によって「骨抜き」にされてしまうこと、後者については、当該大学では授業外学修を想定したグループワークを成立させにくいことや、コメントを付しての提出物の返却が物理的、精神的負荷の大きい作業であることから、期待通りの成果を上げるのはどうも難しそうである。

このように、学習面での問題を抱える学生でも学習するように促すための取組を行っている教員は決して少なくないにもかかわらず、そうした取組が期待通りの成果につながりにくいのは、学習面での問題をはじめとするボーダーフリー大学に特徴的な事情も手伝って、当該取組の本質を捉えた、望ましい形での実践が妨げられるからである。「ボーダーフリー大学に特徴的な事情」を具体的に考えていけばいくほど、そうした取組を望ましい形で実践することなど夢物語のようにも感じられよう。

ただ、本章の知見にヒントがあるとするならば、それはポイントⅢに対応する取組ではなかろうか。すなわち、ポイントⅢに対応する取組は、「③取組に対する必要性の認識」が促進要因として強く機能していると考えられるからである。ポイントⅠ・Ⅱに対応する取組についても、文部科学省から強く「推奨」されるから（その結果、大学側から働きかけられるから、と同義）というのではなく、教員自身がそうした取組に意味を見出すことこそが、アリバイ的な実践に堕することなく、望ましい形での実践を可能な範囲で目指すことに繋がるのではないだろうか。

この文脈で紹介しておきたいのが葛城（2017a）の知見である。葛城では、「ボーダーフリー大学」（ここでは偏差値45以下の大学と操作的に定義）教員を対象として実施したアンケート調査に基づき、教育の質保証に対する大学側の姿勢は、教育の質保証に対する所属教員の意識に有意な正の影響を与えていること、すなわち、大学側が教育の質保証に真剣に取り組んでいればいるほど（正確には、所属教員にそう認識されていればいるほど）、所属教員もそれに真剣に取り組まなければならないと考えるようになっていく可能性を示唆する知見を明らかにしている。こうした知見は、大学側が何かしらの目標（本章の文脈でいえば、ボーダーフリー大学生が抱える学習面での問題を卒業時までに克服させるべく、学習面での問題を抱える学生に学習させる）を立てて、それを真に実現しようとするならば、その本気の姿勢を所属教員に十分認識させることが極めて重要であることを示唆するものである。すなわち、本章の文脈に置き直すならば、「②大学側の教員への働きかけ」を本気の姿勢で行えば、教員の「③取組に対する必要性の認識」は変わりうるということである。そこで、次章では、大学側に視点を切り替えて、その教育の実態に切り込むことにしたい。

注

[1] ボーダーフリー大学生の「大学の成績」は、内定を得られるか否かには影響を与えていないことを示唆する知見（小山2006等）もあることには留意されたい。また、内定を得られるか否かには影響を与えていなくても、「大企業の」内定を得られるか否かには影響を与えていることを示唆する知見（平沢2006）があることにも留意されたい。

[2] 矢野（2005）は、「大学時代の積極的な学習経験が、本人のさまざまな能力向上と成長体験をもたらしている。その蓄積と体験が、現在に必要な知識・能力を向上させ、その結果が仕事の業績などに反映されている」（274頁）と言及している。このことから、「大学で学習に取り組むことによって、成長体験が蓄積され、学習が習慣化される。その習慣が卒業後の学習を持続させているのではないか」（275頁）という「学び習慣」仮説を提示している。

[3] 学部系統が4系統なのは、「学部長調査」で相対的に多くの回答が得られた学部系統に対象を絞ったからである。

[4] 『令和元年度 学校教員統計（学校教員統計調査報告書）』によれば、2019年時点での教授の平均年齢は58.2歳、准教授の平均年齢は48.3歳であることから、40代

前半までを「若手層」、40代後半から50代前半までを「中堅層」、50代後半以降を「ベテラン層」に分類している。

[5]　学生に学習習慣や学習レディネスを身につけさせるための主たる方策のひとつが、定期的に課題を与えることであると考え、この項目を設定した。

[6]　ここでいう「相互作用型授業」とは、「グループワークなど、学生が参加する」、「適切なコメントが付されて課題などの提出物が返却される」、「授業中に自分の意見や考えを述べる」といった経験を伴う授業を指していることから、こうした項目を設定した。

[7]　ただし、学部系統による差が大きいことには留意されたい。ボーダーフリー大学に該当する2群を一括りにして学部系統による差を検討した葛城（2020a）によれば、保健系と人文科学系では8割台半ばに及んでいる（85.0%、84.5%）一方、理・工学系では6割に留まっている（60.7%）。

[8]　こちらも前者については、学部系統による差が大きいことには留意されたい。葛城（2020a）によれば、保健系と人文科学系では7割台後半に及んでいる（78.4%、76.6%）一方、理・工学系では5割にも満たない（43.0%）。

[9]　こちらも学部系統による差が大きく、葛城（2020a）によれば、保健系では9割台後半にまで及んでいる（97.4%）。

[10]　三宅（2011）は、先述の学生調査（第1章参照）に基づき、ボーダーフリー大学の特徴を相対的に色濃く有している「非選抜型大学」の学生は「弱・強選抜型大学」の学生に比べ、授業を無意味なものとみなす傾向が強いと指摘している。

[11]　この語りは、偏差値40台半ば以下の複数の大学の教員を対象として、2010年12月から2012年3月にかけて実施したインタビュー調査で得られたものである。

[12]　こちらも学部系統による差が大きく、葛城（2020a）によれば、保健系では9割台半ばにまで及んでいる（95.4%）。

[13]　葛城（2013c）は、地方国立大学生の授業外学修時間を規定する要因についての分析結果に基づき、先行研究で授業外学修時間に有意な影響を与えることが指摘されている相互作用型の授業も、授業外学修を想定しない相互作用型の授業であるならば、授業外学修時間には有意な影響を与えないのではないかと指摘している。国立大学生でさえそうなのであれば、ボーダーフリー大学生ではなおのことそうなろう。

第4章
教育の質保証はどうすれば実現できるか

前章では、学生の「学習」の視角からみえてきた、どうすれば学習面での問題を抱えるボーダーフリー大学生でも学習するようになるのか、という問いへのアプローチを通して、当該大学における学習・教育の実態に迫った。しかし、その問いは学生の視角からみえてきた、いわばボトムアップ的な問いであることもあり、その実態の全体像を捉える視野としてはやや狭いものであった。すなわち、前章で迫りえた学習・教育の実態は、その狭い視野からみえてくるものに限られるという意味であくまで一端に過ぎない。その全体像をより広く捉えるためには、それとは異なる視角からより包括的な問いを立てる必要がある。そこで本章では、大学の「教育」の視角から、高等教育における国際的なトレンドである「教育の質保証」をキーワードとした、いわばトップダウン的な問いを立て、その問いへのアプローチを通して、ボーダーフリー大学における教育の実態に迫ってみたい。

さて、本章のキーワードとなる「教育の質保証」は、先述のように、高等教育における国際的なトレンドであるとともに、文部科学省の（改革）方針の基調をなすものでもある。それが強く強調される端緒となったのが、2008年の中教審答申「学士課程教育の構築に向けて」（学士課程答申）である。この答申では、国として、学士課程で育成する21世紀型市民の内容（日本の大学が授与する学士が保証する能力の内容）に関する参考指針として「学士力」を示し、学位授与の方針等に即して、学生の学習到達度を的確に把握・測定し、卒業認定を行う組織的な体制を整えること等を求めている。その後、この「教育の質保証」を基調としたうえで、文部科学省は大学に対して新たな課題を次々と突き付けていく。その典型ともいえるのが、前章でも紹介した「質的転換答申」であり、ここでは学修時間の増加・確保やアクティブ・ラーニングへの転換といった課題への対応を大学側に求めている。

当然のことながら、ボーダーフリー大学においても教育の質保証が求められるわけであるが、第1章でみてきたように、当該大学は早ければ小学校段階から先送りされてきた学習面での問題を抱える学生を多く受け入れている。学生が入学時点でそうした学習面での問題を抱えていることを前提としている分、ボーダーフリー大学における教育の質保証は容易なことではない。しかしだからこそ、ボーダーフリー大学には質保証された教育を通じて、そうした学習面での問題を抱える学生をも社会に資する人材として送り出すことが社会的に強く期待されている。その期待に応えられないボーダーフリー大学の存在は、ただでさえ根強い「ボーダーフリー大学不要論・淘汰論」を後押しするものとなるだろう。

そこで本章では、ボーダーフリー大学における教育の質保証はどうすれば実現できるのか、という問いを立て、その問いへのアプローチを通して、当該大学における教育の実態に迫ってみたい。なお、保証すべき質の対象には様々な要素があると考えられるが、本章ではそれを「学生の学習の水準」であると定義する。すなわち、本章でいう教育の質保証とは、「学習成果として定めた知識の理解度や技能の習得度を、一定以上確保すること」（川嶋 2013、10頁）を意味する。使用するデータは、第1章でも用いた「学部長調査」である。

1 教育の質保証の実態

1-1 教育の質保証に対する意識

まずは、教育の質保証に対して学部長はどのような意識を持っているのか、その点から確認していこう。「学部長調査」では、「大衆化した大学における教育の質保証に関する以下のような意見について、どのようにお考えになりますか。貴学部における教育の質保証の現状等をふまえたうえでお答えください。」とたずね、「賛成」から「反対」までの4つの選択肢のなかから回答を求めている[1]。その結果を3群間でのカイ二乗検定による検討結果もあわせて示したのが表4-1である。

これをみると、ボーダーフリー大学に該当する2群とも、「教育の質保証に積極的に取り組まなければならない」といういわゆる総論についての意識は非常に高く、「賛成」に「どちらかといえば賛成」を合わせた肯定的な回答の割合は9割台後半にまで及んでいる。一方の各論についての意識は総じてやや低調であり、「教育の質保証を実現するためには、出口管理の強化を行うべきである」でその割合が8割程度であることを除けば、半数にも満たないものがほとんどである。

なお、「BF大学予備軍」群を含む3群間で有意な差（5%水準）がみられるのは、「教育の質保証を実現するためには、教員の研究にかけるエフォートはできる限り小さくすべきである」と「教育の質保証を実現するためには、教育活動のみを職務とする教育専従教員が必要である」のみである。すなわち、前者については、ボーダーフリー大学に該当する2群では肯定的な回答の割合は2割台半ば～3割と「BF大学予備軍」群よりも1割ほど高く、後者については、「重度BF大学」群では6割台半ばにまで及んでおり、一方の「軽度BF大学」群、そして「BF大学予備軍」群より2割も高い。

このように、教育の質保証に対する学部長の意識は、いわゆる総論に

表4-1　教育の質保証に関する以下のような意見について、どのように考えるか

	全体	重度BF大学	軽度BF大学	BF大学予備軍	
教育の質保証に積極的に取り組まなければならない	95.0%	95.6%	98.2%	94.0%	
教育の質保証を実現するためには、出口管理の強化を行うべきである	79.5%	79.4%	85.7%	77.9%	
教育の質保証を実現するためには、第三者機関によって「何を」「どこまで」というような基準が定められるべきである	34.9%	23.9%	50.0%	34.1%	†
教育の質保証を実現するためには、大学の種別化・機能分化を行うべきである	25.7%	25.0%	36.4%	22.8%	
教育の質保証を実現するためには、教員の研究にかけるエフォートはできる限り小さくすべきである	19.9%	25.8%	30.4%	15.6%	**
教育の質保証を実現するためには、教育活動のみを職務とする教育専従教員が必要である	48.8%	65.7%	44.6%	45.0%	**
十分な支援を行ったとしても一定の基準を満たせない学生は出てきてしまうため、教育の質保証は厳格に考えるべきではない	39.1%	38.8%	27.3%	42.4%	

注：*** は $p < 0.001$、** は $p < 0.01$、* は $p < 0.05$、† は $p < 0.1$。以下同様。
値は肯定的な回答の割合。

ついては非常に高く、「中堅下位ランク以下の大学」だと定員充足状況によって大きくは変わらない。しかし、各論については総じてやや低調であり、特に教員のエフォート管理に対する賛否や教育専従教員の配置（充実）に対する賛否については、定員充足状況によって大きく変わってくる。すなわち、こうした結果から、教員のエフォート管理というトピックは、ボーダーフリー大学で意識されがちなものであり、教育専従教員の配置（充実）というトピックは、定員割れが深刻なボーダーフリー大学で意識されがちなものであることがうかがえよう。なお、それらの現状は、次節第3項にて詳述する。

1-2 教育の質保証の取組状況と実現状況

前節でみたように、総論としての教育の質保証に対する学部長の意識は非常に高いようであるが、実際の取組状況や実現状況はいかなるものだろうか。「学部長調査」では、取組状況については、「貴学部では、教育の質保証にどの程度積極的に取り組んでおられますか。」とたずね、「積極的に取り組んでいる」から「積極的に取り組んでいない」までの4つの選択肢のなかから回答を求めている。また、実現状況については、「貴学部では、教育の質保証がどの程度実現できているとお考えですか。」とたずね、「かなり実現できている」から「かなり実現できていない」までの4つの選択肢のなかから回答を求めている。それらの結果を3群間でのカイ二乗検定による検討結果もあわせて示したのが表4-2である。なお、いずれも学部長の認識である点には留意されたい。

まず、取組状況についてみると（表上部）、ボーダーフリー大学に該当する2群とも、「積極的に取り組んでいる」との回答の割合は2割台に留まるものの、「どちらかといえば積極的に取り組んでいる」を合わせ

表4-2　教育の質保証の取組状況と実現状況

		全体	重度BF大学	軽度BF大学	BF大学予備軍	
取組状況	積極的に取り組んでいる	21.5%	20.6%	27.6%	20.3%	
	どちらかといえば積極的に取り組んでいる	52.4%	57.4%	43.1%	53.2%	
	どちらかといえば積極的に取り組んでいない	23.2%	20.6%	25.9%	23.4%	
	積極的に取り組んでいない	2.9%	1.5%	3.4%	3.2%	
実現状況	かなり実現できている	6.7%	2.9%	7.0%	7.8%	*
	どちらかといえば実現できている	46.4%	32.4%	54.4%	48.4%	
	どちらかといえば実現できていない	44.1%	61.8%	33.3%	41.6%	
	かなり実現できていない	2.9%	2.9%	5.3%	2.3%	

た肯定的な回答の割合は7割台には及んでいる（「重度BF大学」群で77.9%、「軽度BF大学」群で70.7%）。比較的良好ではあるものの、先に示した総論としての教育の質保証に対する意識と比べるとやや低調であることから、そうした意識が取組状況に反映されていない大学が一定数存在することがうかがえる。なお、「BF大学予備軍」群を含む3群間では有意な差はみられない。

一方、実現状況についてみると（表下部）、ボーダーフリー大学に該当する2群とも良好とはいえず、特に「重度BF大学」群では、「かなり実現できている」との回答の割合は3%に満たないし、「どちらかといえば実現できている」を合わせた肯定的な回答の割合も3分の1程度に過ぎない（35.3%）。なお、「BF大学予備軍」群を含む3群間では有意な差がみられ、「重度BF大学」群の値は、一方の「軽度BF大学」群（61.4%）、そして「BF大学予備軍」群（56.2%）に比べると2割も低い。

このように、教育の質保証に積極的に取り組んでいるか否か（正確には、その点についての学部長の認識）という点では比較的良好であり、「中堅下位ランク以下の大学」だと定員充足状況によって大きくは変わらない。しかし、教育の質保証が実現できているか否か（先と同様）という点では、定員充足状況によって大きく変わり、定員割れが深刻な大学では相対的に実現できていない。すなわち、こうした結果から、定員割れが深刻なボーダーフリー大学では、教育の質保証に積極的に取り組んでいたとしても、その成果をなかなか実感することができない難しい状況にあることがうかがえよう。

2　教育の質保証の実現に資する各種取組の実施状況

2-1　明確で具体的な到達目標の設定と教員間での共有

次に本節では、教育の質保証の実現に資すると考えられる各種取組の実施状況についてみていきたい。ボーダーフリー大学は学習面での問題を抱える学生を多く受け入れている関係もあり、卒業時における到達目標についての「何を」「どこまで」というような共通のイメージが教員間で共有されにくい状況にある（葛城 2015)。そうしたイメージが教員間で共有されていなければ、教育の質保証の実現に資する各種取組を行ったとしても、その教育効果が最大化されることはないだろう。この点に鑑みれば、ボーダーフリー大学における教育の質保証を実現するうえでの大前提として、卒業時における明確で具体的な到達目標を設定し、それが教員間で共有されていることは、非常に重要であると考える。

そこで「学部長調査」では、「貴学部では、卒業生に最低限身につけさせるべき知識・技能・態度等について、明確で具体的な基準（例えば、建学の精神や教育理念、DP 等の内容をより明確で具体的なレベルにまで落とし込んだような基準）が学内向けに[2] 設定されていますか。」とたずね、以下に示す項目のそれぞれについて、「設定されている」と「設定されていない」の選択肢のなかから回答を求めている。また、「設定されている」と回答した回答者に対し、「それはどの程度の教員に共有されていますか。印象で結構ですので、貴学部の教員全体に占めるおおよその割合をお書きください。」とたずね、実数での回答を求めている。それらの結果を3群間でのカイ二乗検定・平均値の差の検定による検討結果もあわせて示したのが表4-3・4である。

まず表4-3をみると、ボーダーフリー大学に該当する2群とも良好とはいえず、「設定されている」との回答の割合は、特に「重度 BF 大学」群では、相対的には高い「専門分野の基礎的な知識・技能」、「基礎的な教養・知識・技能」でも5割程度に留まっているし[3]、「学習習慣や学習レディネス」、「社会に出しても恥ずかしくない態度」では4割にも満たない。なお、「BF 大学予備軍」群を含む3群間では、いずれについても有意な差はみられない。

また表4-4をみると、こちらはボーダーフリー大学に該当する2群のうち、「軽度 BF 大学」群は比較的良好であるが、「重度 BF 大学」群は良好とはいえない。すなわち、所属教員に共有されている割合（平均値）

表4-3　卒業生に最低限身につけさせるべき知識・技能・態度等について、明確で具体的な基準が学内向けに設定されているか

	全体	重度BF大学	軽度BF大学	BF大学予備軍	
所属学部で学ぶうえで必要となる基礎学力	51.5%	45.6%	59.6%	50.9%	
基礎的な教養・知識・技能	51.7%	47.1%	59.6%	50.9%	
専門分野の基礎的な知識・技能	57.6%	52.9%	68.4%	56.0%	
学習習慣や学習レディネス	32.9%	38.8%	40.4%	28.8%	
社会に出しても恥ずかしくない態度	36.8%	36.8%	45.6%	34.1%	

注：値は「設定されている」の割合。

表4-4　設定されている場合、それはどの程度の教員に共有されているか

	全体	重度BF大学	軽度BF大学	BF大学予備軍	
所属学部で学ぶうえで必要となる基礎学力	75.1%	73.0%	78.6%	74.7%	
基礎的な教養・知識・技能	74.2%	68.7%	78.5%	74.5%	
専門分野の基礎的な知識・技能	75.9%	68.9%	83.4%	75.6%	*
学習習慣や学習レディネス	71.4%	61.9%	78.6%	72.8%	*
社会に出しても恥ずかしくない態度	77.8%	64.4%	85.4%	79.8%	***

は、「重度BF大学」群では、「所属学部で学ぶうえで必要となる基礎学力」を除けば7割に満たない。なお、「BF大学予備軍」を含む3群間で有意な差がみられるのは、「専門分野の基礎的な知識・技能」、「学習習慣や学習レディネス」、「社会に出しても恥ずかしくない態度」であり、一方の「軽度BF大学」群、そして「BF大学予備軍」群に比べると総じて1割以上は低い。

このように、卒業生に最低限身につけさせるべき知識・技能・態度等について、明確で具体的な基準が学内向けに設定されているか否かという点では良好とはいえないが、「中堅下位ランク以下の大学」だと定員充足状況によって大きくは変わらない。しかし、設定されている場合に、それが教員間で共有されている割合（正確には、その点についての学部長の認識）という点では、定員充足状況によって大きく変わり、定員割れが

深刻な大学では相対的に共有されていない。すなわち、こうした結果から、定員割れが深刻なボーダーフリー大学では、卒業時における明確で具体的な到達目標を設定するのはまだしも、それを教員間で共有するのが難しい状況にあることがうかがえよう。

2-2 到達目標の達成に有効な取組を促す教員への働きかけ

さて、卒業時における明確で具体的な到達目標を設定したうえで、それが教員間で共有されてさえいれば、あとは各教員がそれを意識しながら自発的に教育活動に積極的に取り組んでくれる、というわけでは必ずしもない。すなわち、設定した到達目標を達成するうえで有効な取組を行うよう、教員に働きかける必要がある。ボーダーフリー大学では学習面での問題を抱える学生を多く受け入れていることに鑑みれば、そうした学生でも学習するように促す取組は、設定した到達目標を達成するうえで有効な取組として特に重要であると考える。そこで「学部長調査」では、「貴学部では、教員に対して以下のような取組を行うよう、どの程度働きかけていますか。」とたずね、前章で示した学習面での問題を抱えるボーダーフリー大学生でも学習するように促すためのポイント等を考慮したうえで設定した以下に示す項目のそれぞれについて、「働きかけている」から「働きかけていない」までの4つの選択肢のなかから回答を求めている。その結果を3群間でのカイ二乗検定による検討結果もあわせて示したのが表4-5である。

これをみると、ボーダーフリー大学に該当する2群とも総じて比較的良好であり、「働きかけている」に「どちらかといえば働きかけている」を合わせた肯定的な回答の割合は、特に「重度BF大学」群では、相対的に低い「適切なコメントを付して課題などの提出物を返却すること」でも8割近くに及んでいるし、相対的に高い「学生が授業中に自分の意見や考えを述べる機会を積極的に設けること」では9割近くに及んでいる。なお、「BF大学予備軍」群を含む3群間では総じて有意な差がみら

表4-5　教員に対して以下のような取組を行うよう、どの程度働きかけているか

		全体	重度BF大学	軽度BF大学	BF大学予備軍	
ポイントⅠ	学生の授業外学修を促進する機会（課題など）を積極的に設けること	84.1%	85.5%	85.7%	83.3%	
ポイントⅡ	学生が授業に参加するグループワークなどの機会を積極的に設けること	83.9%	85.5%	78.9%	84.6%	
	適切なコメントを付して課題などの提出物を返却すること	69.7%	78.3%	66.7%	67.7%	
	学生が授業中に自分の意見や考えを述べる機会を積極的に設けること	81.9%	88.4%	77.6%	80.9%	*
ポイントⅢ	各授業での学びが学生にとってどのような意味があるのか十分説明すること	81.0%	83.8%	82.5%	79.6%	
その他	一定の知識・技能等が身についているかどうかに基づき成績評価すること	85.6%	87.0%	91.2%	83.7%	

注：値は肯定的な回答の割合。

れないのだが、唯一の例外がこの後者の取組であり、「重度BF大学」群の値は、一方の「軽度BF大学」群、そして「BF大学予備軍」群に比べると1割程度高い。

このように、学習面での問題を抱える学生でも学習するように促す取組を行うよう教員に働きかけているか否かという点では比較的良好であり、総じて「中堅下位ランク以下の大学」だと定員充足状況によって大きくは変わらない。唯一の例外である「学生が授業中に自分の意見や考えを述べる機会を積極的に設けること」という取組については、定員充足状況によって大きく変わり、定員割れが深刻な大学では相対的に行われている。こうした結果となるのは、学習面での問題を抱える学生の存在感がより大きなボーダーフリー大学では、長時間の授業に耐えられない学生への対応として当該の取組を推奨しているからではないかと考えられる。

2-3 教員の教育活動への動機づけを高める取組

ここで留意しておきたいのは、学習面での問題を抱える学生でも学習するように促す取組を行うよう教員に働きかけることは、教員の負担増にも直結しかねないという点である。このことは、ただでさえ教育活動に多くの時間を費やしており、多忙を極めているボーダーフリー大学教員に対し、さらに教育活動に積極的に取り組むよう期待することを意味する。それを期待するのであれば、教員の教育活動への動機づけを高める取組を行う必要があるだろう。以下では、それに資する取組として、①教員の教育活動に対する評価の重視、②教員の教育にかけるエフォート管理、③待遇上の直接的な配慮、の3点を取り上げ、その取組状況をみていきたい。

2-3-1 教員の教育活動に対する評価の重視

まず、教員の教育活動に対する評価の重視について、「学部長調査」では、「貴学部では、教員の活動を評価する際に、もっとも重視されるのはどのような活動ですか。」とたずね、以下に示す項目のそれぞれについて、「教育活動」、「研究活動」、「大学管理・運営に関する活動」、「社会貢献・連携に関する活動」の選択肢のなかから回答を求めている。その結果を3群間でのカイ二乗検定による検討結果もあわせて示したのが表4-6である。なお、表には「教育活動」と「研究活動」の結果のみを示している。

これをみると、ボーダーフリー大学に該当する2群とも、教員の教育活動に対する評価の重視という点では低調であり、「採用の際」、「任期更新／昇任人事の際」には、「教育活動」よりも「研究活動」を重視する大学のほうが多い。特に「重度BF大学」群では、「採用の際」、「任期更新／承認人事の際」のいずれについても、「研究活動」がもっとも重視されるとの回答の割合は3分の2を超えている。一方、「一定期間ごとの評価の際」には、「研究活動」よりも「教育活動」を重視する大

表4-6　教員の活動を評価する際に、もっとも重視されるのはどのような活動か

		全体	重度BF大学	軽度BF大学	BF大学予備軍	
採用の際	教育活動	30.5%	31.6%	45.8%	26.1%	†
	研究活動	68.8%	68.4%	54.2%	72.7%	
任期更新／昇任人事の際	教育活動	25.6%	25.9%	37.8%	22.5%	
	研究活動	70.7%	68.5%	62.2%	73.4%	
一定期間ごとの評価の際	教育活動	46.7%	53.1%	59.1%	41.3%	
	研究活動	39.3%	28.6%	29.5%	45.3%	

学のほうが多い。ただし、特に「重度BF大学」群では、「教育活動」がもっとも重視されるとの回答の割合は半数を超える程度に留まっている点には留意したい。なお、「BF大学予備軍」群を含む3群間では、いずれについても有意な差（5%水準）はみられない。

2-3-2　教員の教育にかけるエフォート管理

次に、教員の教育にかけるエフォート管理について、「学部長調査」では、「貴学部では、教員の教育にかけるエフォートに一定の基準を設けていますか。」とたずね、「設けている」と「設けていない」の選択肢のなかから回答を求めている。その結果を3群間でのカイ二乗検定による検討結果もあわせて示したのが表4-7である。

これをみると、ボーダーフリー大学に該当する2群とも、教員の教育にかけるエフォート管理という点では低調であり、特に「重度BF大学」群では、「設けている」との回答の割合はごくわずかである。先述のように、「教員のエフォート管理というトピックは、ボーダーフリー大学で意識されがちなもの」であることから（表4-1参照）、こうした現状は、教育の質保証の実現という文脈において、ボーダーフリー大学では疑問視されているといってもよいだろう。なお、「BF大学予備軍」群を含む3群間では有意な差（5%水準）はみられない。

ここで、教員の教育にかけるエフォートが100%の教員、すなわち、

表4-7　教員の教育にかけるエフォートに一定の基準を設けているか

	全体	重度BF大学	軽度BF大学	BF大学予備軍	
設けている	6.9%	1.4%	12.3%	7.3%	†
設けていない	93.1%	98.6%	87.7%	92.7%	

表4-8　教育活動のみを職務とする教育専従教員（講師以上）はいるか

	全体	重度BF大学	軽度BF大学	BF大学予備軍	
いる	15.2%	17.4%	24.1%	12.2%	†
いない	84.8%	82.6%	75.9%	87.8%	

教育活動のみを職務とする教育専従教員のことについても触れておこう。「学部長調査」では、「貴学部には、教育活動のみを職務とする教育専従教員（講師以上）はおられますか。」とたずね、「いる」と「いない」の選択肢のなかから回答を求めている。その結果を3群間でのカイ二乗検定による検討結果もあわせて示したのが表4-8である。

これをみると、ボーダーフリー大学に該当する2群とも、教育専従教員の配置という点では低調であり、特に「重度BF大学」群では1割台半ばに留まっている。先述のように、「教育専従教員の配置（充実）というトピックは、定員割れが深刻なボーダーフリー大学で意識されがちなもの」であることから（表4-1参照）、こちらもこうした現状は、教育の質保証の実現という文脈において、特に定員割れが深刻なボーダーフリー大学では疑問視されているといってもよいだろう。なお、「BF大学予備軍」群を含む3群間では有意な差（5%水準）はみられない。

2-3-3　待遇上の直接的な配慮

最後に、待遇上の直接的な配慮について、「学部長調査」では、「貴学部では、教員の教育活動への積極的な取組を促すために、以下のような取組を行っていますか。」とたずね、「行っていない」と「行っている」

表4-9　教員の教育活動への積極的な取組を促すため、以下のような取組を行っているか

	全体	重度 BF大学	軽度 BF大学	BF大学 予備軍	
給与（賞与等含む）の増額／減額	16.3%	13.0%	32.1%	13.3%	**
個人研究費の増額／減額	16.9%	10.3%	30.9%	15.1%	**
業務の負担減／負担増	16.7%	17.6%	16.4%	16.5%	

注：値は「行っている」の割合。

の選択肢のなかから回答を求めている。その結果を3群間でのカイ二乗検定による検討結果もあわせて示したのが表4-9である。

これをみると、ボーダーフリー大学に該当する2群とも、待遇上の直接的な配慮という点では低調であり、「行っている」との回答の割合は、特に「重度BF大学」群では、「給与（賞与等含む）の増額／減額」、「個人研究費の増額／減額」のいずれも1割程度に過ぎない。なお、これらについては、「BF大学予備軍」群を含む3群間で有意な差がみられ、「軽度BF大学」群の値は、一方の「重度BF大学」群、そして「BF大学予備軍」群に比べると倍以上高い。

このように、教員の教育活動への動機づけを高める取組を行っているか否かという点では低調であるが、教員の教育活動に対する評価の重視や教員の教育にかけるエフォート管理については、「中堅下位ランク以下の大学」だと定員充足状況によって大きくは変わらない。しかし、待遇上の直接的な配慮のうち、給与や個人研究費の増額／減額については、定員割れが深刻な大学ではあまり行われていない。すなわち、こうした結果から、定員割れが深刻なボーダーフリー大学では経営上苦しい立場に置かれているため、待遇上の直接的な配慮として給与や個人研究費の増額／減額を行うのが難しい状況にあることがうかがえよう。

3 教育の質保証の実現を促進する要因の検討

前節では、教育の質保証の実現に資すると考えられる各種取組の実施状況についてみてきたわけだが、実際のところ、それぞれの取組は教育の質保証の実現に（どの程度）資するのだろうか。その点を明らかにすべく、本節では教育の質保証の実現を促進する要因の検討を行いたい。

具体的には、第1節でみてきた、「教育の質保証の実現状況」を従属変数とした重回帰分析を行う。ここで留意しておきたいのは、それが学部長の認識に基づくものであり、組織の長としての回答には一定のバイアスが生じる可能性が低くはないという点である。すなわち、「学部長調査」の調査票にはデータ整理の関係からIDを付記していたのだが、これが回答者に実態以上によりよくみせようとする心理が働いた可能性は否定できない。この点に鑑みれば、教育の質保証の実現状況に対する学部長の認識を従属変数とすることは、必ずしも適切ではないかもしれない。しかし、現時点ではほかに適切な指標もないため、上記の点に十分留意したうえであれば、検討に値する指標であると考える。すなわち、分析の結果得られる知見はあくまで、教育の質保証の実現状況に対する学部長の認識の根拠となっている要因であるため、それを教育の質保証の実現を促進する要因と断定することはできないまでも、その可能性を示唆することはできると考えるからである。研究蓄積が十分でない現状にあってその意義は決して小さくないだろう。また、この指標を用いた分析は、教育の質保証の実現に資すると考えられる各種取組のうちどのような取組が、教育の質保証の実現状況を表す代理指標として適切なのかを把握するための試行的な研究としても位置づけることができる。その意味においても、検討に値する指標であると考える。

一方の独立変数には、第2節でみてきた教育の質保証の実現に資すると考えられる各種取組の実施状況を用いる。すべての変数を投入すると煩雑になるため、教育の質保証が「実現できている」群（「かなり実現できている」+「どちらかといえば実現できている」)と「実現できていない」群(「どちらかといえば実現できていない」+「かなり実現できていない」)での群間比較をそれぞれ行い、そこで有意な差が確認できた変数のみを用いる(分析の詳細は葛城(2019b)を参照されたい)。具体的には、「明確で具体的な到達目標の設定と教員間での共有」で取り上げた5項目、「到達目標の達成に有効な取組を促す教員への働きかけ」で取り上げた「学生の授業外学修を促進する機会(課題など)を積極的に設けること」(以下、「学生の授業外学修を促進する機会」)、「教員の教育活動への動機づけを高める取組」のうち「待遇上の直接的な配慮」で取り上げた「給与(賞与等含む)の増額/減額」を用いる。なお、「明確で具体的な到達目標の設定と教員間での共有」で取り上げた5項目については、項目間の相関が非常に強く(特に「所属学部で学ぶうえで必要となる基礎学力」、「基礎的な教養・知識・技能」、「専門分野の基礎的な知識・技能」の3者間)、これらを同時に投入すると多重共線性の問題が生じる恐れがあるため、モデルを分けて別々に投入する。また、統制変数として、「定員充足率」と「学習面での問題を抱える学生の受入状況」も用いる。これらの変数の詳細は表

表4-10　重回帰分析に使用する変数の詳細

従属変数		
教育の質保証の実現状況	:	「かなり実現できていない」=1から「かなり実現できている」=4までの得点を配分
独立変数		
(1) 明確で具体的な到達目標の設定と教員間での共有	:	「設定されていない」なら1、「設定されている」のうち、教員間で共有されている割合が80%未満なら2、80%以上なら3の得点を配分 [4]
(2) 到達目標の達成に有効な取組を促す教員への働きかけ	:	「働きかけていない」=1から「働きかけている」=4までの得点を配分
(3) 教員の教育活動への動機づけを高める取組	:	「行っている」なら1、「行っていない」なら0のダミー変数
定員充足率	:	2016年度と2017年度の単年度の定員充足率の平均値
学習面での問題を抱える学生の受入状況	:	第1章の表1-3に示す3項目を用いて主成分分析を行った結果得られた主成分得点 [5]

4-10に示す通りである。

重回帰分析を行った結果を示したのが表4-11である。なお、サンプルが十分とはいえず、前節までのように「重度BF大学」群と「軽度BF大学」群に分けて分析を行うことは難しいため、これら2群を合わせて分析を行っている。

これをみると、「(1) 明確で具体的な到達目標の設定と教員間での共有」のうち「所属学部で学ぶうえで必要となる基礎学力」と「基礎的な教養・知識・技能」は有意な正の影響を与えている。「学習習慣や学習レディネス」も有意傾向にある一方で、「専門分野の基礎的な知識・技能」は有意傾向にさえないのは非常に興味深い。「所属学部で学ぶうえで必要となる基礎学力」と「基礎的な教養・知識・技能」は、「専門分野の基礎的な知識・技能」のようには、「何を」「どこまで」というよう

表4-11　教育の質保証の実現状況に関する重回帰分析

	モデル1	モデル2	モデル3	モデル4	モデル5
(1) 明確で具体的な到達目標の設定と教員間での共有					
所属学部で学ぶうえで必要となる基礎学力	0.166*	−	−	−	−
基礎的な教養・知識・技能	−	0.151*	−	−	−
専門分野の基礎的な知識・技能	−	−	0.060	−	−
学習習慣や学習レディネス	−	−	−	0.134 †	−
社会に出しても恥ずかしくない態度	−	−	−	−	0.092
(2) 到達目標の達成に有効な取組を促す教員への働きかけ					
学生の授業外学修を促進する機会	0.267***	0.279***	0.287***	0.264***	0.278***
(3) 教員の教育活動への動機づけを高める取組					
給与（賞与等含む）の増額／減額	0.118	0.110	0.128	0.116	0.125
定員充足率	0.166*	0.164*	0.173*	0.173*	0.180*
学習面での問題を抱える学生の受入状況	-0.424***	-0.438***	-0.447***	-0.449***	-0.448***
調整済み R^2	0.385	0.381	0.363	0.369	0.364
F値	15.040***	14.799***	13.755***	13.733***	13.695***

注：値は標準化偏回帰係数。

な明確で具体的な到達目標を立てにくいからこそ、有意な影響を与えているということなのだろう。また、いずれのモデルにおいても、「(2)到達目標の達成に有効な取組を促す教員への働きかけ」の「学生の授業外学修を促進する機会」は有意な正の影響を与えているのに対し、「(3)教員の教育活動への動機づけを高める取組」の「給与（賞与等含む）の増額／減額」は有意な（正の）影響を与えていない。なお、「定員充足率」と「学習面での問題を抱える学生の受入状況」が有意な影響（前者は正の影響、後者は負の影響）を与えているという点には留意しておきたい。

このように、所属学部で学ぶうえで必要となる基礎学力や基礎的な教養・知識・技能等について、卒業時における明確で具体的な到達目標を設定し、それをより多くの教員間で共有すること、また、特に学生の授業外学修を促進する機会を積極的に設けるような取組を行うよう教員に働きかけることは、教育の質保証の実現を促進する要因となる可能性があるのに対し、教員の教育活動への動機づけを高める取組は、その要因とはならない可能性がある。なお、定員充足状況がより深刻なこと、そしてそれとも関係するだろうが、学習面での問題を抱える学生をより多く受け入れていることは、教育の質保証の実現を阻害する要因となる可能性がある。

4　まとめと考察

本章では、ボーダーフリー大学における教育の質保証はどうすれば実現できるのか、という問いを立て、その問いへのアプローチを通して、当該大学における教育の実態に迫ってきた。本章で得られた主要な知見は以下の通りである。

第一に、総論としての教育の質保証に対する学部長の意識は非常に高く、それゆえにか、教育の質保証に積極的に取り組んでいるか否かという点でも比較的良好であり、いずれについても「中堅下位ランク以下の大学」だと定員充足状況によって大きくは変わらない。しかし、教育の質保証が実現できているか否かという点では、定員充足状況によって大きく変わり、定員割れが深刻な大学では相対的に実現できていない。

第二に、卒業生に最低限身につけさせるべき知識・技能・態度等について、明確で具体的な基準が学内向けに設定されているか否かという点では良好とはいえないが、「中堅下位ランク以下の大学」だと定員充足状況によって大きくは変わらない。しかし、設定されている場合に、それが教員間で共有されている割合という点では、定員充足状況によって大きく変わり、定員割れが深刻な大学では相対的に共有されていない。

第三に、学習面での問題を抱える学生でも学習するように促す取組を行うよう教員に働きかけているか否かという点では、比較的良好であり、総じて「中堅下位ランク以下の大学」だと定員充足状況によって大きくは変わらない。ただし、「学生が授業中に自分の意見や考えを述べる機会を積極的に設けること」という取組については、定員充足状況によって大きく変わり、定員割れが深刻な大学では相対的に行われている。

第四に、教員の教育活動への動機づけを高める取組を行っているか否かという点では低調であるが、教員の教育活動に対する評価の重視や教員の教育にかけるエフォート管理については、「中堅下位ランク以下の大学」だと定員充足状況によって大きくは変わらない。しかし、待遇上の直接的な配慮のうち、給与や個人研究費の増額／減額については、定員割れが深刻な大学ではあまり行われていない。

第五に、所属学部で学ぶうえで必要となる基礎学力や基礎的な教養・知識・技能等について、卒業時における明確で具体的な到達目標を設定し、それをより多くの教員間で共有すること、また、特に学生の授業外学修を促進する機会を積極的に設けるような取組を行うよう教員に働きかけることは、教育の質保証の実現を促進する要因となる可能性があるのに対し、教員の教育活動への動機づけを高める取組は、その要因とはならない可能性がある。

特に第五の知見は、教育の質保証を実現するためには、所属学部で学ぶうえで必要となる基礎学力や基礎的な教養・知識・技能等について、卒業時における明確で具体的な到達目標を設定し、それをより多くの教員間で共有したうえで、学生の授業外学修を促進する機会を積極的に設けるような取組[6]を行うよう教員に働きかけることが有効である可能性を示唆するものである。学習面での問題を抱える多くの学生を目の前にして、教育の質保証の実現など到底不可能なことのように感じられ、教育の質保証に積極的に取り組む気になれないボーダーフリー大学もあろうが（表4-2参照）、そんな大学であっても、こうした取組がその糸口となるのではなかろうか。

しかし、ボーダーフリー大学は学習面での問題を抱える学生を多く受け入れている関係もあり、「何を」「どこまで」というような明確で具体的な到達目標を設定することはそう容易ではないだろう。また、そうした到達目標を設定することができたとして、それをより多くの教員間で共有するといっても、それがただの知識レベルでの共有（例えば、「そうした到達目標があることは知っている」というようなレベル）ではほとんど意味がない。もっとも望ましいのは、設定した到達目標を達成するうえで有効な取組（本章の知見でいえば、学生の授業外学修を促進する機会を積極的に設けるような取組）を行うよう働きかけられた際に、その必要性を「我が事」として認識し、実際の行動に移していくことのできる、行動を伴う認識レベルでの共有だろう。

こうした文脈から、教員の教育活動への動機づけを高める取組が教育の質保証の実現を促進する要因とはならない可能性があるという本章の知見について考えてみると、なぜそうなるのか、その理由が垣間見えてくる。すなわち、こうした行動を伴う認識レベルでの共有ができている大学からすれば、改めて教育活動への動機づけを高める取組を積極的に行う必要はないからである。他方、行動を伴う認識レベルでの共有はもちろん、ただの知識レベルでの共有すらできていない大学にしてみれば、教育活動への動機づけを高める取組を積極的に行ったとしても、その効果は極めて限定的なものとなる可能性が大いにある。小川（2016）の言葉になぞらえていえば[7]、教育活動への動機づけを高める取組の有無にかかわらず、高齢教員は自分たちの定年までは「持つだろう」と考えるし、また、若手教員は「腰かけ」のつもりだから、教育活動に積極的に取り組むつもりなどさらさらない、とのスタンスに立つ者が決して少なくないと考えられるからである。もっとも動機づけを高めてほしい教員にそうした取組が機能しえないという現実がそこには存在している。

はたして、卒業時における明確で具体的な到達目標を、所属教員が行動を伴う認識レベルで共有するためにはどうしたらよいのだろうか。前章でも述べたように、大学側がその目標を真に実現しようとするならば、その本気の姿勢を所属教員に十分認識させること以外に道はないように思われる。前章で示した、教員の取組状況の差を生み出す要因（図3-1参照）の文脈でいえば、「②大学側の教員への働きかけ」を本気の姿勢で行うことで、教員の「③取組に対する必要性の認識」が変わり、その結果として教員の取組状況が変わる、という力学である。しかし、忘れてはならないのが「④教員の属性」という要因である。この要因による影響の如何によって、先の力学にアクセルをかけることにもなれば、ブレーキをかけることにもなる。ここで頭をよぎるのが、そもそもボーダーフリー大学教員とはどのような特徴を持った存在なのか、という素朴な問いである。続く第2部「ボーダーフリー大学における教育と研究の実態」は、まずその問いに迫るところから始めよう。

注

[1]　「学部長調査」で使用する「教育の質保証」とは、「学習成果として定めた知識の理解度や技能の習得度を、一定以上確保すること」を意味するものであることを、調査趣意書及び調査票の該当部分に重ねて記載している。第5章で用いる「教員調査」も同様である。

[2]　「学内向けに」としたのは、学外にも公表されるような基準では、いわゆる「大学」らしからぬ現実的な基準を設定することが憚られると考えたからである。

[3]　ただし、学部系統による差が大きいことには留意されたい。葛城（2019a）によれば、「専門分野の基礎的な知識・技能」については、理・工学系と保健系では7割を超えている一方（76.9%、73.3%）、社会科学系と人文科学系では5割にも満

たない（45.9%、36.4%）。

[4]　80%を基準としたのは、回答を二分するのが総じてそのラインだったからである。

[5]　主成分得点が高いほど、学習面での問題を抱える学生を多く受け入れていることになる。

[6]　学生の授業外学修を促進する機会を積極的に設けるような取組は、各大学の実情に応じて多様なアプローチがあってしかるべきである。「学部長調査」では、「教育の質保証の実現のためにどのような取組を行っていますか。特に効果的な取組について具体的にお書きください。」という自由記述の問いを設けている。そこには、いずれの授業でも授業外で取り組む課題を半期5回以上求めるように取り決めている大学（定員充足率80%以上100%未満、社会科学系）も確認できた。

[7]　原文は以下の通りである。
「高齢教員たちは、自分たちの定年までは「持つだろう」と考え、あえて摩擦を起こしてまで改革に取り組むつもりはない。若手は「腰かけ」のつもりだから、所属する大学の将来のあり方を考えるつもりはない。」（119頁）。

補論

必修科目は卒業や就職の「足枷」となるのか

障害除去仮説 vs 指導機会仮説

第3章では、ボーダーフリー大学では、卒業や就職が最大関心事であり、最優先事項であるため、卒業や就職の「足枷」とならないよう、大前提として成績評価を緩くせざるをえない状況にあると述べた。しかし、卒業や就職の「足枷」という点において、もうひとつ忘れてはならないものがある。それが「必修科目」である。

必修科目が卒業や就職の「足枷」とならないようにするには、どうしたらよいか。普通に考えれば、必修科目の単位数（以下、必修単位数）を極力減らすことがその有力な選択肢となろう。実際、アンケート調査に基づく先行研究ではそれを裏付ける結果も得られている。すなわち、葛城（2013a）では、私学高等教育研究所が学科を対象として行ったアンケート調査に基づき、必修単位数は入学難易度（正確には大学入試の選抜度）によって大きく異なっており、ボーダーフリー大学の特徴を相対的に色濃く有している「低選抜群」は、「中選抜群」・「高選抜群」に比べ必修単位数が少ないことが明らかにされている。そして、こうした結果が得られた理由として、「低選抜群」は「中選抜群」・「高選抜群」に比べ、就職させられるか、あるいは中退させずに卒業させられるかといった点を教育成果として重視していることが関係している可能性を示唆している。すなわち、ボーダーフリー大学をはじめとする入学難易度の低い大学では、卒業や就職が最大関心事であり、最優先事項であるため、その「足枷」（障害）となるであろう必修科目を極力設定しないようにする力学が働いている可能性を示唆しているのである。これをここでは「障害除去仮説」と呼ぶことにしよう。

しかし、葛城（2021a）は、必修単位数に関する一次資料に基づき、学科系統を問わずにいえば、必修単位率（必修単位数を要卒単位数で除した値）は入学難易度（正確には偏差値帯）によって大きな違いはないものの、人文科学系や社会科学系では入学難易度によって大きく異なっており、ボーダーフリー大学の特徴を相対的に色濃く有している「低偏差値群」は、「中偏差値群」・「高偏差値群」に比べ必修単位率が高いことを明らかにしている。先に示した葛城（2013a）とは対照的な結果であることについて葛城（2021a）は、その結果がアンケート調査に伴う「ネガティブな可能性」（例えば、回収率が低ければ、実態を反映した結果からかけ離れていく可能性が高いこと等を意味する）によって少なからず歪められている可能性が高いと指摘している。こうした指摘は、先に提示した「障害除去仮説」の妥当性を大きく揺るがすものといえよう。

それでは、必修単位率は人文科学系や社会科学系では入学難易度によって大きく異なっており、ボーダーフリー大学の特徴を相対的に色濃く有している「低偏差値群」は、「中偏差値群」・「高偏差値群」に比べ必修単位率が高い、という結果が得られた理由をどのように考えればよいだろうか。「ボーダーフリー大学をはじめとする入学難易度の低い大学では、卒業や就職が最大関心事であり、最優先事項である」ことを前提に考えるならば、そのために必要な手厚い指導を行う機会として、必修科目を極力設定しようとする力学が働いている可能性が考えられる。これをここでは「指導機会仮説」と呼ぶことにしよう。

このように、「障害除去仮説」と「指導機会仮説」は対照的ではあるが、いずれの仮説についても、「卒業や就職」が必修科目の設定に一定の影響を与えているという関係性を想定しているわけである。それでは、そうした関係性は本当にありうるのだろうか。葛城（2022a）では、入学難易度によって、卒業率が必修科目の設定に与える影響にどのような違いが生じるのか、学科系統の違いも考慮したうえで検討しているので、ここではその結果について紹介したい。

以下に示す表は、必修単位率を従属変数、卒業率等を独立変数として偏差値帯別に重回帰分析を行った結果に基づき、「障害除去仮説」及び「指導機会仮説」のそれぞれについて、支持する結果が得られたか否かという観点で整理したものである。仮説を支持する結果が得られた部分には「○」を付している。なお、全体の値は、人文科学系、社会科学系、理学系、工学系、農学系の5系統を合わせたものであるが、このうち理学系と農学系ではボーダーフリー大学の特徴を相対的に色濃く有している「非選抜型大学」群がそもそも少ないため、これらは学科系統別の結果から除外している。

この表を学科系統別にみると、偏差値帯と仮説との間には一定の規則性がうかがえる。すなわち、「障害除去仮説」を支持する結果が得られているのは、人文科学系と工学系の、いずれも高い偏差値帯（「高選抜型大学」群）であるのに対し、「指導機会仮説」を支持する結果が得られているのは、社会科学系と工学系の、いずれも中程度以下の偏差値帯（「非選抜型大学」群及び「低選抜型大学」群）なのである。はたしてなぜ、こうした規則性がみられるのだろうか。

その理由として考えられるのは、「障害除去仮説」が想定する影響と

表　仮説との対応一覧

	全体				人文科学系			
	全体	非選抜型大学	低選抜型大学	高選抜型大学	全体	非選抜型大学	低選抜型大学	高選抜型大学
障害除去仮説				○	○			○
指導機会仮説	○	○						

	社会科学系				工学系			
	全体	非選抜型大学	低選抜型大学	高選抜型大学	全体	非選抜型大学	低選抜型大学	高選抜型大学
障害除去仮説								○
指導機会仮説	○	○	○		○	○	○	

「指導機会仮説」が想定する影響が相殺されている可能性である。修業年限内での卒業が「常識」となっている日本の大学では、そもそも「障害除去仮説」との親和性の高い文化が形成されていたのではないかと考えられる。すなわち、卒業の「足枷」（障害）となるであろう必修科目を極力設定しないようにする力学が働きやすい文化が形成されていたということである。しかし、大学進学率の高まりによって、手厚い指導を行わなければ（修業年限内か否かにかかわらず）卒業が困難になる、いわゆる「手のかかる学生」の存在が無視できなくなったことに伴い、「指導機会仮説」との親和性が高い文化が流入してきた。すなわち、卒業のために必要な手厚い指導を行う機会として、必修科目を極力設定しようとする力学が働きやすい文化が流入してきたということである。

その結果、そもそも支配的であった「障害除去仮説」が想定する影響が弱まったり、「指導機会仮説」が想定する影響が顕在化したりしているものと考えられる。すなわち、「障害除去仮説」が想定する影響が弱まってもなお、（辛うじて）高い偏差値帯で残っているのが人文科学系と工学系であるのに対し、そこですら消えてしまったのが社会科学系であり、「指導機会仮説」が想定する影響が顕在化するまでに至っているのが、社会科学系と工学系の中程度以下の偏差値帯なのではないだろうか。

学科系統によってなぜこのような違いが生じるのか。特にボーダーフリー大学の特徴を相対的に色濃く有している「非選抜型大学」群における「指導機会仮説」が想定する影響が、社会科学系と工学系では顕在化しているのに、なぜ人文科学系では顕在化していないのか。非常に気になるところであるが、現段階では妥当な解釈を見出せていない。しかしいずれにせよ、ボーダーフリー大学において必修科目は卒業や就職の「足枷」となるのか、という問いに照らしていえば、少なくとも社会科学系と工学系では単なる「足枷」というわけではどうもなさそうである。なぜなら、それが「足枷」であったとしても、結果として卒業や就職にプラスに働くという認識が大学側にあるからこそ、こうした学科系統ではその「足枷」が強化されていると考えられるからである。

第2部
ボーダーフリー大学における教育と研究の実態

第5章
教員とはどのような存在か

第2部のテーマは「教育と研究」である。第2部での議論のみならず、第1部での議論についての理解を深めるうえで非常に重要なのが、ボーダーフリー大学教員に対する正確な理解である。そこで本章では、そもそもボーダーフリー大学教員とはどのような特徴を持った存在なのか、その実態に迫るところから始めたい。

その実態に迫るうえでのキーワードとなるのが「大学教授職」である。大学教授職研究の第一人者である有本（2011）は、「研究と教育を両立させることは、単なる大学教員ではなく「専門職としての大学教員」、すなわち「大学教授職」（academic profession）に不可欠の使命となる」（2頁）と述べている。この指摘からわかるのは、大学教員には「専門職としての大学教員」と「（専門職とはいえない）単なる大学教員」が存在するということ、そして「専門職としての大学教員」の要件となるのは教育と研究の両立であるということである。

こうした指摘に鑑みれば、上記の実態に迫るうえでは、「教育」のみならず「研究」の視点が不可欠である。そこで本章では、大学教授職に期待される主要な役割である「教育」と「研究」という二つの観点から、ボーダーフリー大学教員とはどのような特徴を持った存在なのか、その実態に迫ってみたい。具体的には、教育・研究に対する関心、教育・研究活動等の実態、現在の教育・研究活動等に対する認識、といった3つの観点からその問いにアプローチしたい。

なお、本章で使用するデータは、第3章でも用いた「教員調査」である。ただ、この調査は「中堅下位ランク以下の大学」（偏差値50未満の大学と定義）に所属している教員を対象としているため、その他の大学に所属している教員との相対的な特徴を捉えることができない。そこで各節の冒頭で、有本を研究代表者とする研究プロジェクトチームによる「大学教授職の変容に関する国際調査」[1]や「大学教授職に関する意識調査」[2]を用いた先行研究において、ボーダーフリー大学教員を含む教員層がその他の大学の教員層と比べてどのような特徴を有しているのか、その傾向を確認したうえで、「教員調査」の結果をみていくこととしたい。最後に、第3章の「使用するデータの概要」でも述べたように、ボーダーフリー大学に該当する2群の「実務家教員」は5％程度とごくわずかであり（表3-1参照）、その存在が本章の分析結果に大きな影響を与えないことを付記しておく。

1　教育・研究に対する関心

まず、教育・研究に対する関心についてみていきたい。「大学教授職に関する意識調査」を用いた葛城（2012b）では、「ボーダーフリー大学」（ここでは偏差値45以下の大学と定義、以下同様）教員は「エリート大学」（ここでは偏差値65以上の大学と定義、以下同様）教員に比べ、教育に対する関心が高い[3]ものの、教育志向の教員の割合は4割ほど（裏を返せば研究志向の教員の割合は6割ほど）であることから、「ボーダーフリー大学」でも教育よりも研究に対する関心のほうが高い教員が多いことが明らかにされている。ただ、この知見は、「教育」か「研究」かという二項対立的な問いから得られたものであり、そうした問いの枠組みの妥当性を疑問視する指摘もある。すなわち、そうした枠組みは、「研究と教育とを葛藤として捉え、「研究」か「教育」かという二項対立で捉え」（羽田 2013、8頁）ているという指摘である。こうした指摘をふまえれば、「教育」か「研究」かという二項対立的な枠組みでたずねるのではなく、教育・研究それぞれに対する関心の高さをたずねるべきだろう。

この点をふまえて設計している「教員調査」では、「あなたの教育と研究に対する関心はどの程度高いですか。」とたずね、教育と研究のそれぞれについて「関心が高い」から「関心が低い」までの4つの選択肢のなかから回答を求めている。その結果を3群間でのカイ二乗検定による検討結果もあわせて示したのが表5-1である。

これをみると、ボーダーフリー大学に該当する2群とも、教育に対して「関心が高い」との回答の割合は4割を超えており、「どちらかといえば関心が高い」を合わせた肯定的な回答の割合は9割を超えている（「重度BF大学」群で91.8%、「軽度BF大学」群で93.5%）。一方、研究に対して「関心が高い」との回答の割合も4割を超えており、「どちらかといえば関心が高い」を合わせた肯定的な回答の割合は9割とまではいかないものの8割台には及んでいる（「重度BF大学」群、「軽度BF大学」群のいずれも82.5%）。なお、「BF大学予備軍」群を含む3群間では、教育と研究のいずれについても有意な差はみられない。

ここで留意したいのは、教育に対する関心と研究に対する関心のバラ

表5-1　教育・研究に対する関心

	全体	重度BF大学	軽度BF大学	BF大学予備軍	
教育					
関心が高い	42.5%	44.4%	40.6%	41.7%	
どちらかといえば関心が高い	49.5%	47.4%	52.9%	49.6%	
どちらかといえば関心が低い	6.8%	6.8%	5.1%	7.7%	
関心が低い	1.2%	1.4%	1.4%	1.0%	
研究					
関心が高い	44.7%	40.3%	44.5%	48.0%	
どちらかといえば関心が高い	39.9%	42.2%	38.0%	39.5%	
どちらかといえば関心が低い	13.7%	15.3%	15.0%	11.7%	
関心が低い	1.7%	2.2%	2.6%	0.7%	

注：*** は $p < 0.001$、** は $p < 0.01$、* は $p < 0.05$、† は $p < 0.1$。以下同様。

ンスである。表5-2に示すのは、教育に対する関心についての回答状況と研究に対する関心についての回答状況を掛け合わせたものである。

これをみると、ボーダーフリー大学に該当する2群とも、表中では左上に位置する、教育と研究のいずれに対しても「関心が高い」あるいは「どちらかといえば関心が高い」者（以下、「バランスタイプ」）は4分の3を超えており、圧倒的に多数派である（「重度BF大学」群で75.8%、「軽度BF大学」群で77.2%）。なお、そのうち15%ほどは、教育よりも研究に対する関心のほうが高い教員である。また、表中では左下に位置する、教育に対しては「関心が高い」あるいは「どちらかといえば関心が高い」ものの、研究に対しては「どちらかといえば関心が低い」あるいは「関心が低い」者（以下、「教育偏重タイプ」）が15%程度と一定数存在する（「重度BF大学」群で15.8%、「軽度BF大学」群で16.2%）。すなわち、「バランスタイプ」と「教育偏重タイプ」で9割を超えるわけであるが、逆に

表5-2　教育に対する関心×研究に対する関心

<table>
<tr><th colspan="3" rowspan="2"></th><th colspan="4">教育に対する関心</th></tr>
<tr><th>関心が高い</th><th>どちらかといえば関心が高い</th><th>どちらかといえば関心が低い</th><th>関心が低い</th></tr>
<tr><td rowspan="12">研究に対する関心</td><td rowspan="4">重度BF大学</td><td>関心が高い</td><td>20.6%</td><td>17.2%</td><td>1.9%</td><td>0.6%</td></tr>
<tr><td>どちらかといえば関心が高い</td><td>15.8%</td><td>22.2%</td><td>4.2%</td><td>0.0%</td></tr>
<tr><td>どちらかといえば関心が低い</td><td>7.2%</td><td>7.5%</td><td>0.6%</td><td>0.0%</td></tr>
<tr><td>関心が低い</td><td>0.8%</td><td>0.3%</td><td>0.3%</td><td>0.8%</td></tr>
<tr><td rowspan="4">軽度BF大学</td><td>関心が高い</td><td>26.8%</td><td>15.4%</td><td>2.6%</td><td>0.0%</td></tr>
<tr><td>どちらかといえば関心が高い</td><td>8.8%</td><td>26.1%</td><td>2.6%</td><td>0.0%</td></tr>
<tr><td>どちらかといえば関心が低い</td><td>4.8%</td><td>9.9%</td><td>0.0%</td><td>0.4%</td></tr>
<tr><td>関心が低い</td><td>0.7%</td><td>0.7%</td><td>0.0%</td><td>1.1%</td></tr>
<tr><td rowspan="4">BF大学予備軍</td><td>関心が高い</td><td>25.2%</td><td>17.8%</td><td>4.6%</td><td>0.5%</td></tr>
<tr><td>どちらかといえば関心が高い</td><td>11.0%</td><td>25.7%</td><td>2.7%</td><td>0.0%</td></tr>
<tr><td>どちらかといえば関心が低い</td><td>5.1%</td><td>5.9%</td><td>0.2%</td><td>0.5%</td></tr>
<tr><td>関心が低い</td><td>0.2%</td><td>0.2%</td><td>0.2%</td><td>0.0%</td></tr>
</table>

注：値は全体に占める割合。

いえば残る1割弱は、表中では右上に位置する、研究に対しては「関心が高い」あるいは「どちらかといえば関心が高い」ものの、教育に対しては「どちらかといえば関心が低い」あるいは「関心が低い」者（「研究偏重タイプ」）や、表中では右下に位置する、教育と研究のいずれに対しても「どちらかといえば関心が低い」あるいは「関心が低い」者（「無関心タイプ」）が存在するということである。なお、「BF大学予備軍」群についてみると、「バランスタイプ」がやや多く（79.7%）、「教育偏重タイプ」がやや少ない（11.5%）ものの、合わせるとやはり9割程度になる。

このように、ボーダーフリー大学教員は、教育に対する関心が非常に高いだけでなく、研究に対する関心もかなり高く、両者のバランスのとれた者が圧倒的に多数派である。すなわち、こうした結果から、教育に対する社会的期待が非常に大きく、研究に対する社会的期待はそれほどでもないボーダーフリー大学にあって、そこに所属する教員の多くが教育はもとより研究に対しても高い関心を寄せていることがうかがえよう。ただし、ボーダーフリー大学予備軍の教員と大差ないことに鑑みれば、こうした傾向はボーダーフリー大学教員に特徴的というわけではなく、「中堅下位ランク以下の大学」教員に共通するものといえよう。

2 教育・研究活動等の実態

2-1 労働時間

次に、教育・研究活動等の実態についてみていくにあたり、まずは労働時間についてみておこう。「大学教授職の変容に関する国際調査」を用いた葛城（2011）では、ボーダーフリー大学の特徴を相対的に色濃く有している「低難易度群」（偏差値50未満）の教員は、「中難易度群」（偏差値50以上60未満）や「高難易度群」（偏差値60以上）の教員に比べ、特に学期中には教育活動に多くの時間を費やしているため、研究活動にあてる時間の確保が困難であることが明らかにされている[4]。なお、労働時間の合計をみると、「低難易度群」の教員のほうがやや少ないが（50時間弱）、その他2群の教員と大差はない。

そこで、この程度の労働時間を想定したうえで「教員調査」では、「あなたが平均的な1週間に仕事をする時間を100と考え、各領域にどのくらいの時間を割いているか、学期中と休暇中に分けて、その割合を記入してください。」とたずね、以下に示す項目のそれぞれについて実数での回答を求めている。その結果（平均値）を3群間での平均値の差の検定による検討結果もあわせて示したのが表5-3である。

これをみると、ボーダーフリー大学に該当する2群とも、学期中については、「教育」に費やしている割合は約5割であるのに対し、「研究」に費やしている割合はその半分どころか2割にも満たない。一方、休暇中については、その状況は逆転するものの、「研究」に費やしている割合は5割どころか4割に留まっているし、「教育」に費やしている割合は2割を超えている[5]。なお、「BF大学予備軍」群を含む3群間で有意な差（5％水準）がみられるのは、学期中・休暇中ともに「社会貢献・連

表5-3　教育・研究活動等が労働時間に占める割合

	全体	重度BF大学	軽度BF大学	BF大学予備軍	
学期中					
教育	49.2%	48.4%	48.6%	50.5%	
研究	18.1%	17.9%	17.7%	18.4%	
大学管理・運営	18.7%	19.0%	19.0%	18.3%	
社会貢献・連携	8.3%	8.7%	8.8%	7.5%	*
所属している大学以外での業務	5.7%	6.0%	5.9%	5.3%	
休暇中					
教育	24.1%	23.3%	23.8%	25.0%	
研究	41.5%	39.9%	40.6%	43.3%	†
大学管理・運営	16.5%	17.6%	16.6%	15.4%	
社会貢献・連携	10.6%	11.3%	11.4%	9.5%	*
所属している大学以外での業務	7.3%	7.8%	7.5%	6.8%	

携」のみである。すなわち、ボーダーフリー大学に該当する2群では、「BF大学予備軍」群よりもその割合がやや高い。

このように、ボーダーフリー大学教員は、労働時間に占める割合でいえば、学期中は教育活動に労働時間の半分を費やし、休暇中は研究活動に労働時間の半分も費やせていない。すなわち、こうした結果から、学期中には教育活動に追われるなかで、研究活動にあてる時間を(休暇中含め)なんとか確保しようと苦心するボーダーフリー大学教員の姿が(改めて)うかがえよう。ただし、その配分のありようは、ボーダーフリー大学予備軍の教員と総じて大差ないことに鑑みれば、先ほどと同様、こうした傾向はボーダーフリー大学教員に特徴的というわけではなく、「中堅下位ランク以下の大学」教員に共通するものといえるだろう。

2-2 教育活動の実態

次に、教育活動の実態についてみていきたい。まず、教育活動に対する意識については、「大学教授職に関する意識調査」を用いた葛城(2012b)では、「ボーダーフリー大学」教員は「エリート大学」教員に比べ、教育活動に対する意識が高い[6]ことが明らかにされている。また、そうした意識が反映されるであろう教育活動の取組状況については、「大学教授職の変容に関する国際調査」を用いた葛城(2011)では、ボーダーフリー大学の特徴を相対的に色濃く有している「低難易度群」の教員は、その他2群の教員に比べ、より実践的で、かつ具体的でわかりやすい授業内容、教育方法を学生に提供している[7]ことが明らかにされている。

こうした知見をふまえたうえで、「教員調査」では特に教育の質保証に着目し、その意識と取組状況をたずねている。すなわち、教育の質保証に対する意識については、「大衆化した大学における教育の質保証に関する以下のような意見について、貴学部に所属する教員としての立場からどのようにお考えになりますか。」とたずね、以下に示す項目のそれぞれについて「賛成」から「反対」までの4つの選択肢のなかから回答を求めている。なお、項目自体は、前章の「学部長調査」を用いた表4-1と同様である。その結果を3群間でのカイ二乗検定による検討結果もあわせて示したのが表5-4である。

これをみると、ボーダーフリー大学に該当する2群とも、「教育の質保証に積極的に取り組まなければならない」といういわゆる総論については、「賛成」に「どちらかといえば賛成」を合わせた肯定的な回答の割合が9割台半ばにまで及んでいる[8]。一方の各論については、「教育の質保証を実現するためには、出口管理の強化を行うべきである」でその割合が約8割であることを除けば、半数にも満たないものがほとんどである。なお、「BF大学予備軍」群を含む3群間では、いずれについても有意な差（5%水準）はみられない。

表5-4　教育の質保証に対する意識

	全体	重度BF大学	軽度BF大学	BF大学予備軍	
教育の質保証に積極的に取り組まなければならない	94.8%	94.2%	96.4%	94.4%	
教育の質保証を実現するためには、出口管理の強化を行うべきである	79.0%	78.7%	77.5%	80.2%	
教育の質保証を実現するためには、第三者機関によって「何を」「どこまで」というような基準が定められるべきである	39.6%	36.4%	38.0%	43.6%	
教育の質保証を実現するためには、大学の種別化・機能分化を行うべきである	35.0%	34.6%	34.9%	35.6%	
教育の質保証を実現するためには、教員の研究にかけるエフォートはできる限り小さくすべきである	20.8%	22.4%	22.4%	18.5%	†
教育の質保証を実現するためには、教育活動のみを職務とする教育専従教員が必要である	53.8%	51.4%	57.2%	53.4%	
十分な支援を行ったとしても一定の基準を満たせない学生は出てきてしまうため、教育の質保証は厳格に考えるべきではない	44.8%	46.3%	40.9%	45.9%	

注：値は肯定的な回答の割合。

また、こうした意識が反映されるであろう教育の質保証への取組状況については、「教員調査」では「あなたは、教育の質保証にどの程度積極的に取り組んでいますか。」とたずね、「積極的に取り組んでいる」から「積極的に取り組んでいない」までの4つの選択肢のなかから回答を求めている。その結果を3群間でのカイ二乗検定による検討結果もあわせて示したのが表5-5である。

これをみると、ボーダーフリー大学に該当する2群とも、「積極的に取り組んでいる」との回答の割合は3割を超えており、「どちらかといえば積極的に取り組んでいる」を合わせた肯定的な回答の割合は9割近くにまで及んでいる（「重度BF大学」群、「軽度BF大学」群のいずれも88.3%）。なお、「BF大学予備軍」群を含む3群間では有意な差はみられない。

このように、ボーダーフリー大学教員は、総論としての教育の質保証に対する意識が非常に高く、それへの取組状況も非常に良好である。すなわち、こうした結果から、ボーダーフリー大学教員の大多数は、教育の質保証には積極的に取り組まなければならないと考えているし、実際に積極的に取り組んでもいることがうかがえよう。ただし、そうした意識や取組状況のありようは、ボーダーフリー大学予備軍の教員と大差ないことに鑑みれば、こうした傾向もまた、ボーダーフリー大学教員に特徴的というわけではなく、「中堅下位ランク以下の大学」教員に共通するものといえるだろう。なお、具体的な教育活動の取組（特に学習面での問題を抱えるボーダーフリー大学生でも学習するように促す取組）状況のありようについても、第3章でみてきたように、ボーダーフリー大学教員に特

表5-5　教育の質保証への取組状況

	全体	重度BF大学	軽度BF大学	BF大学予備軍	
積極的に取り組んでいる	31.5%	34.2%	32.5%	28.0%	
どちらかといえば積極的に取り組んでいる	54.5%	54.1%	55.8%	54.9%	
どちらかといえば積極的に取り組んでいない	9.9%	7.6%	8.8%	12.6%	
積極的に取り組んでいない	4.0%	4.1%	2.8%	4.5%	

徴的というわけではなく、「中堅下位ランク以下の大学」教員に共通するものであることには留意されたい（第3章の表3-2参照）。

2-3 研究活動の実態

一方、研究活動の実態についてみていきたい。研究活動に対する意識については、「大学教授職に関する意識調査」を用いた葛城（2012b）では、「ボーダーフリー大学」教員は「エリート大学」教員に比べれば、研究活動に対する意識が高くはない[9]ことが明らかにされている。また、そうした意識が反映されているであろう、研究活動の生産性については、「大学教授職の変容に関する国際調査」を用いた葛城（2011）では、ボーダーフリー大学の特徴を相対的に色濃く有している「低難易度群」の教員はその他2群の教員に比べ、研究活動を行っていないことが明らかにされている[10]。

こうした知見をふまえたうえで、研究活動に対する意識よりも、結果としての研究活動の生産性のほうが情報としての重要性が高いと判断し、「教員調査」では「あなたは、過去3年間に以下のような研究成果をどの程度あげましたか。」とたずね、以下に示す項目のそれぞれについて設定した選択肢のなかから回答を求めている。その結果を3群間でのカイ二乗検定による検討結果もあわせて示したのが表5-6である。

これをみると、ボーダーフリー大学に該当する2群とも、「ない」との回答の割合でいえば、「学会等での発表」で約2割、「学術書、学術雑誌に発表した論文（第一筆者）」で3割弱に留まっているが、「学会誌相当のレフリー論文（第一筆者）」では5割台後半に及び、「科学研究費の採択」に至っては7割にもなる[11]。すなわち、ボーダーフリー大学教員の2割程度は、少なくとも過去3年間なんら研究活動を行っていない可能性がある。なお、「BF大学予備軍」群を含む3群間では「学会等での発表」と「科学研究費の採択」で有意な差がみられ、「ない」との回答の割合でいえば、「BF大学予備軍」群のほうが前者についてはやや低く、

表5-6　研究活動の生産性

	全体	重度BF大学	軽度BF大学	BF大学予備軍	
学会等での発表					
7回以上	17.6%	12.9%	16.1%	22.2%	**
4～6回	21.5%	22.9%	17.9%	22.9%	
3回以内	42.4%	44.4%	42.9%	40.5%	
ない	18.5%	19.8%	23.2%	14.5%	
学術書、学術雑誌に発表した論文（第一筆者）					
7本以上	5.5%	4.2%	4.6%	7.0%	
4～6本	15.4%	16.3%	12.4%	16.6%	
3本以内	52.0%	51.2%	53.5%	51.8%	
ない	27.2%	28.3%	29.4%	24.6%	
学会誌相当のレフリー論文（第一筆者）					
3本以上	11.3%	9.3%	11.6%	12.8%	
2本	12.1%	9.9%	10.9%	14.8%	
1本	21.4%	23.8%	20.3%	20.5%	
ない	55.1%	56.9%	57.2%	51.9%	
科学研究費の採択					
ある（代表者及び分担者）	8.4%	5.6%	5.4%	12.4%	***
ある（代表者）	15.6%	12.0%	13.7%	19.6%	
ある（分担者）	12.7%	12.3%	11.5%	14.1%	
ない	63.3%	70.2%	69.4%	53.8%	

後者についてはかなり低い。なお、特にこうした「BF大学予備軍」群との差については、ボーダーフリー大学教員の基本的属性が少なからず影響を及ぼしていることも考えられる。すなわち、第3章の表3-1で示したように、ボーダーフリー大学に該当する2群は「BF大学予備軍」群に比べ、「ベテラン層」が多い一方（特に「重度BF大学」群）、「若手層」がやや少ないことが上記のような結果に影響を与えていることも考えられるのだが、「若手層」に限定して検討を行ってみても、おおむね先と同様の結果が得られた。

このように、ボーダーフリー大学教員は、研究成果に鑑みるに研究活動の取組状況は総じて良好とはいえず、特に学会等での発表や科学研究費の採択についてはボーダーフリー大学予備軍との差は大きい。すなわち、こうした結果から、「中堅下位ランクの大学」教員と同程度の研究に対する関心を持ち（表5-1参照）、同程度の労働時間（正確には労働時間に占める割合）を研究活動に費やしながらも（表5-3参照）、それを成果につなげていくことのできないボーダーフリー大学教員の姿がうかがえよう。

3 現在の教育·研究活動等に対する認識

最後に、現在の教育・研究活動等に対する認識についてみていきたい。「大学教授職の変容に関する国際調査」を用いた葛城（2011）では、ボーダーフリー大学の特徴を相対的に色濃く有している「低難易度群」の教員は「中難易度群」の教員に比べれば、仕事に対する満足度は低いわけではないし、教育と研究の両立に苦しんでいるわけでもない[12]ことが明らかにされている。すなわち、「低難易度群」教員の7割以上は仕事に対して満足しているようであるし、半数ほどは教育と研究の両立が難しいとは感じていないようである[13]。

この点について踏み込むべく、「教員調査」では「あなたは、今の仕事や教育・研究活動等についてどのように感じていますか。」とたずね、以下に示す項目のそれぞれについて「あてはまる」から「あてはまらない」までの4つの選択肢のなかから回答を求めている。その結果を3群間でのカイ二乗検定による検討結果もあわせて示したのが表5-7である。

これをみると、ボーダーフリー大学に該当する2群とも、「あてはまる」に「どちらかといえばあてはまる」を合わせた肯定的な回答の割合は「私は今の仕事に対して全般的に満足している」、「私は今の教育活動に対して全般的に満足している」では6割を超えている。しかし、「私は今の研究活動に対して全般的に満足している」では4割にも届いておらず、そのためか、「教育と研究との両立は非常に難しい」では3分の2程度にまで及んでいる。なお、「BF大学予備軍」群を含む3群間では

表5-7　現在の教育・研究活動等に対する認識

	全体	重度BF大学	軽度BF大学	BF大学予備軍	
私は今の仕事に対して全般的に満足している	65.5%	64.2%	63.0%	68.3%	*
私は今の教育活動に対して全般的に満足している	62.6%	60.8%	62.0%	64.9%	
私は今の研究活動に対して全般的に満足している	39.4%	38.3%	38.5%	40.5%	
教育と研究との両立は非常に難しい	67.2%	65.4%	68.1%	68.4%	

注：値は肯定的な回答の割合。

「私は今の仕事に対して全般的に満足している」で有意な差がみられ、「BF大学予備軍」群のほうがやや高い。

このように、ボーダーフリー大学教員には、仕事全般や教育活動に対して満足している者は比較的多い一方、研究活動に満足している者は過半数にも遠く及ばず、それゆえか、教育と研究の両立は非常に難しいと考える者が比較的多い。すなわち、こうした結果から、特に研究活動（教育との両立を含む）において葛藤を抱えるボーダーフリー大学教員の姿がうかがえよう。ただし、そうした認識のありようは、仕事全般に対する満足感を除き、ボーダーフリー大学予備軍の教員と大差ないことに鑑みれば、こうした傾向はボーダーフリー大学教員に特徴的というわけではなく、「中堅下位ランク以下の大学」教員におおむね共通するものといえるだろう。

4　まとめと考察

本章では、大学教授職に期待される主要な役割である「教育」と「研究」という二つの観点から、ボーダーフリー大学教員とはどのような特徴を持った存在なのか、その実態に迫ってきた。本章で得られた主要な知見は以下の通りである。

第一に、ボーダーフリー大学教員は、教育に対する関心が非常に高いだけでなく、研究に対する関心もかなり高く、両者のバランスのとれた者が圧倒的に多数派である。すなわち、こうした結果から、教育に対する社会的期待が非常に大きく、研究に対する社会的期待はそれほどでもないボーダーフリー大学にあって、そこに所属する教員の多くが教育はもとより研究に対しても高い関心を寄せていることがうかがえる。

第二に、ボーダーフリー大学教員は、労働時間に占める割合でいえば、学期中は教育活動に労働時間の半分を費やし、休暇中は研究活動に労働時間の半分も費やせていない。すなわち、こうした結果から、学期中には教育活動に追われるなか、研究活動にあてる時間を（休暇中含め）なんとか確保しようと苦心するボーダーフリー大学教員の姿がうかがえる。

第三に、ボーダーフリー大学教員は、総論としての教育の質保証に対する意識が非常に高く、それへの取組状況も非常に良好である。すなわち、こうした結果から、ボーダーフリー大学教員の大多数は、教育の質保証には積極的に取り組まなければならないと考えているし、実際に積極的に取り組んでもいることがうかがえる。

第四に、ボーダーフリー大学教員は、研究成果に鑑みるに研究活動の取組状況は総じて良好とはいえず、特に学会等での発表や科学研究費の採択についてはボーダーフリー大学予備軍との差は大きい。すなわち、こうした結果から、「中堅下位ランクの大学」教員と同程度の研究に対する関心を持ち、同程度の労働時間を研究活動に費やしながらも、それを成果につなげていくことのできないボーダーフリー大学教員の姿がうかがえる。

第五に、ボーダーフリー大学教員には、仕事全般や教育活動に対して満足している者は比較的多い一方、研究活動に満足している者は過半数にも遠く及ばず、それゆえか、教育と研究の両立は非常に難しいと考える者が比較的多い。すなわち、こうした結果から、特に研究活動（教育との両立を含む）において葛藤を抱えるボーダーフリー大学教員の姿がうかがえる。

さて、ここで留意しておきたいのは、本章で示したこれらの知見は、第四の知見を除けば、ボーダーフリー大学教員に特徴的というわけではなく、「中堅下位ランク以下の大学」教員に共通するものだという点である。すなわち、ボーダーフリー大学教員と「中堅下位ランクの大学」教員の教育・研究に対する関心（意識を含む、以下同様）と活動（労働時間に占める割合を含む、以下同様）のありようは基本的に大差なく、両者を分けるのは、研究に対する関心と活動が研究成果として実を結ぶか否かという点のみということである。

ボーダーフリー大学では、教育に対する社会的期待が非常に大きい一方、研究に対する社会的期待はそれほどでもないことからいえば、そこに所属する教員の教育・研究に対する関心と活動のありようが「中堅下位ランクの大学」教員と異なるものであったとしてもなんら不思議なことではない。特に定員割れが深刻な大学（本章でいえば「重度BF大学」群）であればそのほうが自然なようにも思われる。にもかかわらず、教育・研究に対する関心と活動のありように大差がないのはなぜなのか。考えられる要因をいくつか挙げてみよう。

まず、ボーダーフリー大学教員の意識の変化が追いついていない可能性である。すなわち、ボーダーフリー大学は最初からボーダーフリー大学であったわけではなく、「中堅下位ランクの大学」あたりから（じわじわと）ボーダーフリー大学に「変化」していったわけであるから、そこに所属する教員の意識はそれこそ茹でガエルのように置かれた状況の変化に気づかず（気づけず）に今に至っている可能性はあるだろう（ボーダーフリー大学に「変化」してからの時間が短ければその可能性はさらに高まろう）[14]。ボーダーフリー大学に「変化」した後に着任した教員も、茹でガエルのような周囲の教員を目の当たりにすれば、そちらに同調する形で社会化されていくことは想像に難くない。

また、ボーダーフリー大学教員の「研究者」としてのアイデンティティが意識の変化を妨げている可能性もある。すなわち、ボーダーフリー大学教員の多くは研究大学出身であり、そこで「研究者」としてのアイデンティティを深く刷り込まれているがゆえに、そのアイデンティティを前提とした変化しか受け付けられずに今に至っている可能性はあるだろう。遠藤（2005）は、「トップクラス校の教員と同じ立場で研究し、同じ土俵で教育にあたるべき者であるというイデオロギー的虚構が、マージナル大学（ボーダーフリー大学に相当する分類概念）教員の実存を支える最後の砦である」（287頁、丸括弧内は筆者）と指摘している[15]。この指摘に鑑みれば、茹でガエルのように置かれた状況の変化に気づかないというよりは、あえて気づかないふりをしている可能性のほうが高いかもしれない。

さらに、ボーダーフリー大学の「大学」としてのアイデンティティ（プライドといってもよいかもしれない）が、そこに所属する教員の意識の変化を妨げている可能性もある。ボーダーフリー大学がその現状をふまえたうえで、「非大学型高等教育機関」のように「研究」を（事実上[16]）前提とせず「教育」に特化した形でシフトしていくことは選択肢としてはありえたとしても、「教育」と「研究」を主要な機能とする「大学」であろうとする以上は、その選択肢は現実的には採りづらいのである[17]。結局、「大学」としてのアイデンティティを保ちうる「穏当な選択肢」があらゆる場面で採られることで、そこに所属する教員の「研究者」としてのアイデンティティが脅かされるところまでには至らないのではないだろうか。

特に3点目についていえば、「穏当な選択肢」の典型が、ボーダーフリー大学で今なお続く、研究重視の教員人事である。先に前章で示したように、ボーダーフリー大学でも、採用の際や任期更新／承認人事の際には、教育活動よりも研究活動を重視する大学のほうが依然として多い（第4章の表4-6参照）。例えば、こうした研究重視の教員人事が、1点目の可能性の素地となり、2点目の可能性を増幅させていることは十分に考えられよう。そこで次章では、ボーダーフリー大学における教員人事の実態に迫ってみることにしたい。

注

[1] この調査は、2007年8月に実施されたものである。有効回答者数は1,408名であり、配布数を母数とした回答率は22.7%である。この調査は、入学難易度の高い基幹大学を中心に行われたものであったため、大学及び大学教員の多様性という点では課題の残る調査であった。すなわち、入学難易度の低い大学に所属する教員のサンプルが十分でなかったため（偏差値50未満でも200名に満たなかった）、難易度間比較を十分には行うことができなかった。また、難易度間比較を行う際に、専門分野の特性によって回答状況に差異が生じることが予想されたものの、それを考慮した分析まで踏み込むこともできなかった。

[2] この調査は、2010年12月から2011年2月にかけて実施されたものである。有効回答者数は744名であり、配布数を母数とした回答率は16.8%である。注1に挙げた課題の克服も視野に入れ設計されたこの調査では、偏差値65以上の大学と45以下の大学を対象とし、専門分野（文系、理系）を考慮したうえでサンプリングを行っており、後者の大学だけで400名を超えるサンプルが確保されている。

[3] 「あなた自身は、教育あるいは研究のどちらに関心がありますか。」とたずね、「主として教育」から「主として研究」までの4つの選択肢のなかから回答を求めた結果に基づいている。「ボーダーフリー大学」教員は「エリート大学」教員に比べ、教育志向（「主として教育」＋「どちらかといえば教育」）の割合が有意に高かった（$p < 0.001$）。

[4] 「あなたは、平均的な1週間を考えてみるとどのくらいの時間を以下の各活動に費やされていますか。」とたずね、学期中と休暇中に分けて、各領域について適当な時間数の記入を求めた結果に基づいている。「低難易度群」の教員は学期中に教育活動に費やす時間が相対的に多い一方（23.3時間）、研究活動に費やす時間が相対的に少なく（14.7時間）、3群間では有意な差がみられた（$p < 0.001$）。

[5] ただし、学部系統による差が大きいことには留意されたい。葛城（2020a）によれば、保健系では、「研究」に費やしている割合は3割台半ばに留まっている（34.0%）一方、「教育」に費やしている割合は3割に達している（30.0%）。

[6] 「大学教員は、自己の教育能力を開発し、授業の内容および方法を改善することについて、不断の努力を怠らないようにすべきである」のような項目に対して、「賛成」から「反対」までの5つの選択肢のなかから回答を求めた結果に基づいている。「ボーダーフリー大学」教員は「エリート大学」教員に比べ、肯定的回答の割合が有意に高い項目が多くあった（上記の項目だと$p < 0.05$）。

[7] 「あなたの授業では実践的な知識や技能が重視されている」のような項目に対して、「当てはまる」から「当てはまらない」までの5つの選択肢のなかから回答を求めた結果に基づいている。「低難易度群」の教員は肯定的回答の割合が相対的に高く、3群間では有意な差がみられた（上記の項目だと$p < 0.001$）。

[8] こちらも学部系統による差が大きく、葛城（2020a）によれば、特に保健系では

100%近くにまで及んでいる（98.7%）。一方の各論についても保健系の値は総じて相対的に高い。

[9]　「大学教員は、国際的に活躍している学者であることが重要である」のような項目に対して、「賛成」から「反対」までの5つの選択肢のなかから回答を求めた結果に基づいている。「ボーダーフリー大学」教員は「エリート大学」教員に比べ、肯定的回答の割合が有意に低い項目が多くあった（上記の項目だと $p < 0.001$）。

[10]　「今年度または昨年度、所属大学で研究をされましたか。」とたずね、「今年度、研究をした」、「昨年度、研究をした」、「今年度も昨年度も研究をしなかった」の3つの選択肢のなかから回答を求めた結果に基づいている（複数回答可）。「低難易度群」の教員は、「今年度、研究をした」割合が相対的に低く、3群間では有意な差がみられた（$p < 0.001$）。

[11]　こちらも学部系統による差が大きく、葛城（2020a）によれば、特に社会科学系ではその割合は高く、「学会等での発表」と「学術書、学術雑誌に発表した論文（第一筆者）」では3割台前半（33.7%、34.2%）、「科学研究費の採択」では8割に及んでいる（80.2%）。

[12]　「あなたは現在の仕事に対して全般的にどの程度満足していますか。」、「教育と研究の両立は非常に難しい」といった項目に対して、前者では「非常に満足」から「非常に不満足」、後者では「全くそう思う」から「全くそう思わない」までの5つの選択肢のなかから回答を求めた結果に基づいている。いずれも3群間では有意な差がみられるものの（いずれも $p < 0.001$）、「低難易度群」と「中難易度群」の教員の間に大差はない。

[13]　葛城（2011）では平均値を用いているため、元データにあたって割合を求めた。

[14]　複数の学部を擁する大学で、その他の学部では定員割れしていないような場合にもその可能性は高まろう。

[15]　遠藤（2005）は、「研究者としてのアイデンティティ・クライシスの問題」（286頁）は、「マージナル大学問題の核心部分」（287頁）であるとも指摘している。

[16]　「事実上」としたのは、短期大学の目的には「深く専門の学芸を教授研究」（学校教育法第108条）することが明記されているからである。なお、高等専門学校の目的には「深く専門の学芸を教授」（学校教育法第115条）すると明記されている。

[17]　こうした背景には、光田（2004）が指摘するような、「大学の多様化・個性化といいながら、日本の700近い大学（当時）のすべてが、日本人的横並び意識のまま、同じ機能をもった大学として存在し続けようとしている」（72頁、丸括弧内は筆者）ことが少なからず関係しているのではなかろうか。この指摘から既に20年が経過しているが、こうした状況は今も大きくは変わっていない。

第6章 教員の採用人事はいかに行われるのか

前章では、ボーダーフリー大学教員とはどのような特徴を持った存在なのか、大学教授職に期待される主要な役割である「教育」と「研究」という二つの観点から検討した結果、ボーダーフリー大学教員と「中堅下位ランクの大学」教員の教育・研究に対する関心と活動のありようは基本的に大差ないことを明らかにした。そして、その要因のひとつとして、ボーダーフリー大学の「大学」としてのアイデンティティが、そこに所属する教員の意識の変化を妨げている可能性を挙げ、そのアイデンティティを保ちうる「穏当な選択肢」があらゆる場面で採られることで、教員の「研究者」としてのアイデンティティが脅かされるところまでには至らないのではないかと指摘した。その「穏当な選択肢」の典型が、ボーダーフリー大学で今なお続く、研究重視の教員人事である。そこで本章では、ボーダーフリー大学における教員人事について理解すべく、大学の教育・研究に対する姿勢が対外的にも示される採用人事に着目し、その実態に迫ってみたい。

ボーダーフリー大学における採用人事の一端については、「ボーダーフリー大学」(ここでは偏差値45以下の大学と定義)教員を対象としたアンケート調査に基づく葛城(2018)によって明らかにされている。具体的には、講師以上の職位での採用人事のどの程度が純粋な公募だったのか、講師以上の職位で職を得るまでにどのくらいの大学・短大にエントリーしていたのか、その際に学会誌相当のレフリー論文がどのくらいあったのか、といった点が明らかにされている。この論文に対する反響は比較的大きく、大学教員を目指す大学院生等の間で話題となっていたようであるし[1]、また、関心を持ったメディアからの取材依頼も複数あった[2]。このように、葛城（2018）で得られた知見は非常に興味深いものであり、ボーダーフリー大学における採用人事の実態を局所的にでも明らかにしたことには一定の意義はあったと考えるが、これはあくまでアンケート調査の回答に依拠したものであり、その実態を正確に捉えているかどうかは定かではない。

そこで本章で着目したのは、国立研究開発法人科学技術振興機構が運営する研究人材のためのポータルサイト「JREC-IN Portal」に掲載されている求人公募情報（以下、公募情報）である。このサイトには、各々の公募情報において、博士の学位が応募資格としてどの程度求められているのか、模擬授業はどの程度求められているのか、といった研究・教育能力の評価に関する情報等が掲載されている。本章では、このJREC-IN Portalに掲載されている公募情報に基づき、ボーダーフリー大学における採用人事の実態に迫ってみたい。

使用するデータの概要

第2節以降で用いるのは、JREC-IN Portalに2020年度に掲載された公募情報である。具体的には、「機関種別」で「国立大学」、「公立大学」、「私立大学」に加え、「短期大学」、「専門職大学」、「専門職短期大学」、「高等専門学校」、「専門学校（専修学校専門課程）」という条件で、また「職種」で「教授相当」、「准教授・常勤専任講師相当」という条件で検索をかけてヒットした公募情報を用いる。上記の条件でヒットした公募情報の収集は、2020年度の1年間を通して毎月第2週及び第4週の半ばに行った。収集した公募情報は9,456件であり、これが本章のデータセットである。なお、その詳細については葛城（2022b）を参照されたい。

本章では、このデータセットから教育組織とみなされる8,252件を抽出し、「人文・社会科学系」、「自然科学系」、「医歯薬学系」[3]に該当する7,076件（3,580件、1,296件、2,200件）のデータを用いる。本章の問題関心は、ボーダーフリー大学における採用人事の実態に迫ることにあるので、「私立大学」を学部単位で偏差値[4] 40未満の「非選抜型大学」群、偏差値40以上50未満の「低選抜型大学」群、偏差値50以上の「高選抜型大学」群の3群に分類し、群間比較を行う。このうち、ボーダーフリー大学の特徴を相対的に色濃く有しているのが「低選抜型大学」群である。なお、ボーダーフリー大学と同じく日本の高等教育の裾野に位置する非大学型高等教育機関との異同についても検討したいところだが、煩雑になるため、本文中では参考までに値を示すに留めたい。

表6-1は、分析対象の概要を、上記の分類・研究分野・職位ごとに示したものである。なお、1つの公募情報に複数の職位が挙げられているケース（例えば、准教授又は講師）が少なくないため、上記の公募件数とは数が一致しないことを付記しておく。

表6-1　分析対象の概要

		人文・社会科学系			自然科学系			医歯薬学系		
		教授	准教授	講師	教授	准教授	講師	教授	准教授	講師
私立大学	非選抜型大学	373	475	422	53	75	48	221	304	308
	低選抜型大学	551	773	626	124	172	129	325	363	388
	高選抜型大学	519	617	351	61	104	60	118	39	60
参考	データセット全体	2037	2914	2274	554	913	482	1200	1098	997
	国立大学	139	426	331	237	353	107	307	145	60
	公立大学	128	218	158	41	82	40	181	189	134
	私立大学	1557	1986	1482	249	363	247	681	718	768
	短期大学	207	252	257	5	7	5	31	45	35
	高等専門学校	6	32	46	22	108	83	0	0	0

1 アンケート調査からみえる採用人事

公募情報に基づく分析に先立ち、留意しておかなければならない点がある。それは、ボーダーフリー大学における採用人事では公募の利用が相対的に少ない可能性が高いという点である。本章のデータセットを用いて基礎的分析を行った葛城（2022b）では、私立大学と短期大学では公募件数よりも異動教員数のほうが多いことから、近年では「公募を出さずに人事を進めることが（対外的に）憚られる状況にあるが、こうした「圧力」は公平性がより強く求められる国公立の機関よりも私立大学や私立の多い短期大学の方が緩やかなのだろう」（53頁）と指摘している。そこで、収集したデータをもとに公募を出していない私立大学（正確には学部）がどれだけあるか、偏差値帯別に整理してみたところ、偏差値帯が低いほど公募を利用していないことが確認できた。ボーダーフリー大学には小規模大学が多く、教員の異動が相対的に少ないことを考慮して、2年分のデータで確認してみたのだが[5]、それでもその可能性を排除しきれない。

そこで本節では、冒頭で紹介した「ボーダーフリー大学」教員を対象としたアンケート調査を手掛かりに、まずは当該大学の採用人事の特徴を確認したい。なお、この調査の詳細については第7章を参照いただきたいのだが、分析対象を若手教員（40代前半まで）に限定している点だけは特記しておく。すなわち、私立大学より定年の早い国公立大学から異動してくる高齢教員は少なくないのだが、こうした教員が分析対象に含まれていないことには留意されたい。

1-1 採用人事のどの程度が公募だったか

まず、「ボーダーフリー大学」における採用人事のどの程度が公募だったのか、という点について確認していこう。表6-2は、「講師以上の

表6-2　講師以上の職位での採用人事は純粋な公募だったか

	全体	社会科学系	理・工学系	
純粋な公募だった	48.4%	52.6%	43.5%	
形式上は純粋な公募だったが採用の見込みがあった	15.5%	13.3%	19.6%	
純粋な公募でなかった	36.1%	34.1%	37.0%	

注：*** は $p < 0.001$、** は $p < 0.01$、* は $p < 0.05$、† は $p < 0.1$。以下同様。

職位での採用は、純粋な公募でしたか。」とたずね、以下に示す選択肢のなかから回答を求めた結果を、学部系統間でのカイ二乗検定による検討結果もあわせて示したものである。なお、この結果には、助教から講師、あるいは准教授へと昇任した者も含まれている可能性があることには留意されたい。

全体の値をみると、「純粋な公募だった」者は多くを占めているわけではなく半数に満たず、「形式上は純粋な公募だったが採用の見込みがあった」者を合わせても3分の2に満たない（63.9%）。すなわち、残る3分の1強は「純粋な公募でなかった」、いわゆる「（純粋な）一本釣り」だったということである。なお、こうした傾向は、学部系統によって大きくは変わらない。

こうした結果は、ボーダーフリー大学教員のうち、講師以上の職位での採用人事が公募だった者は大多数を占めているわけではなく、「（純粋な）一本釣り」だった者が少なくない可能性を示唆している。すなわち、こうした知見は、先述の「ボーダーフリー大学における採用人事では公募の利用が相対的に少ない可能性が高い」ことを支持するものといえる。

1-2　どのくらいの大学・短大にエントリーしていたか

次に、「ボーダーフリー大学」教員は大学教員として就職するまでにどのくらいの大学・短大にエントリーしていたのか、という点について確認していこう。表6-3は、「講師以上の職位で採用されるまでに、どのくらいの数、エントリーしましたか。」とたずね、適当な数の記入を求めた結果を、表6-2の回答状況別に、学部系統間での平均値の差の検定による検討結果もあわせて示したものである。

全体の値をみると、やはり「純粋な公募だった」者はそうでなかった者に比べ、より多くの大学・短大にエントリーしている。すなわち、「純粋な公募だった」者は中央値では10校であるのに対し、そうでなかった者は2校に過ぎない。なお、こうした傾向は、学部系統によって大きくは変わらない。

こうした結果は、ボーダーフリー大学教員のうち、純粋な公募だった者は講師以上の職位で就職するまでに比較的多くの大学・短大にエントリーしているのに対し、そうでなかった者はそう多くの大学・短大にエントリーしているわけでは必ずしもない可能性を示唆している。すなわち、こうした知見からは、純粋な公募だった者には公平な選抜を勝ち抜いていることから、研究・教育能力の高い者が多いことが予想されるのだが、かといって、そうでなかった者に研究・教育能力の高い者が少な

表6-3　講師以上の職位で就職するまでのエントリー数：表6-2回答別

		全体	社会科学系	理・工学系	
純粋な公募だった	平均値	21.2	25.2	15.5	
	中央値	10.0	10.0	10.0	
	最小値	1.0	1.0	1.0	
	最大値	300.0	300.0	86.0	
	標準偏差	34.8	42.3	18.3	
形式上は純粋な公募だったが採用の見込みがあった	平均値	5.5	7.3	2.7	
	中央値	2.0	2.0	1.0	
	最小値	0.0	1.0	0.0	
	最大値	30.0	30.0	15.0	
	標準偏差	8.5	10.1	3.9	
純粋な公募でなかった	平均値	7.6	10.5	4.3	
	中央値	2.0	3.0	1.0	
	最小値	0.0	0.0	0.0	
	最大値	100.0	100.0	50.0	
	標準偏差	15.5	19.7	9.2	

いかどうかはわからない。研究・教育能力の高い者が「一本釣り」された可能性もあるからである。こうした採用人事のありようと特に研究能力との関係性については次項で確認できる。

1-3 学会誌相当のレフリー論文がどのくらいあったか

最後に、「ボーダーフリー大学」教員は大学教員として就職する際に学会誌相当のレフリー論文がどのくらいあったのか、という点について確認していこう。表6-4は「講師以上の職位で採用された時点で、学会誌相当のレフリー論文は何本ありましたか。」とたずね、以下に示す選択肢のなかから回答を求めた結果を、表6-2の回答状況別に、学部系統間でのカイ二乗検定による検討結果もあわせて示したものである。

全体の値をみると、やはり「純粋な公募だった」者はそうでなかった者に比べ、就職した時点のレフリー論文が多い。すなわち、「純粋な公

表6-4 講師以上の職位で就職した時点の学会誌相当のレフリー論文数：表6-2回答別

		全体	社会科学系	理・工学系	
純粋な公募だった	3本以上	61.5%	45.1%	87.5%	***
	2本	15.6%	19.7%	10.0%	
	1本	9.0%	15.5%	0.0%	
	0本	10.7%	16.9%	0.0%	
	おぼえていない	3.3%	2.8%	2.5%	
形式上は純粋な公募だったが採用の見込みがあった	3本以上	59.0%	33.3%	77.8%	**
	2本	10.3%	5.6%	16.7%	
	1本	17.9%	38.9%	0.0%	
	0本	12.8%	22.2%	5.6%	
	おぼえていない	0.0%	0.0%	0.0%	
純粋な公募でなかった	3本以上	51.7%	37.8%	73.5%	*
	2本	14.6%	20.0%	8.8%	
	1本	12.4%	17.8%	2.9%	
	0本	20.2%	24.4%	11.8%	
	おぼえていない	1.1%	0.0%	2.9%	

募だった」者では「3本以上」が6割を超えており、「0本」は1割であるのに対し、形式上の公募ですらなかった、いわゆる「一本釣り」の者では前者の値は5割ほどに過ぎず、後者の値が2割に及んでいる。なお、値こそ違えどこうした傾向は、学部系統によって大きくは変わらない。

こうした結果は、ボーダーフリー大学教員のうち、純粋な公募だった者はそうでなかった者に比べ、就職した時点のレフリー論文が多い可能性を示唆している。すなわち、こうした知見から、純粋な公募だった者には研究能力の高い者が多い一方で、そうでなかった者には研究能力の高い者は相対的に少ない可能性が高いと考えられる。

2　公募情報からみえる採用人事での研究能力評価

アンケート調査からは、ボーダーフリー大学における採用人事では、公募の利用が相対的に少ない可能性が高いことや、公募を利用しない「一本釣り」によって採用された教員には、研究能力の高い者が相対的に少ない可能性が高いといった結果等が確認できた。特に前者の点には十分に留意しつつ、本節では、公募情報からボーダーフリー大学における採用人事の実態に迫ってみたい。

まず本節では、研究能力の評価に相当する指標として「応募資格としての博士の学位の取り扱い（以下、博士の学位の取り扱い）」を用いて、ボーダーフリー大学における採用人事において、研究能力がどの程度評価されているのかをみていきたい。具体的には、先述のように、「私立大学」を学部単位で偏差値40未満の「非選抜型大学」群、偏差値40以上50未満の「低選抜型大学」群、偏差値50以上の「高選抜型大学」群の3群に分類し、群間比較を行う。なお、このうち、ボーダーフリー大学の特徴を相対的に色濃く有しているのが「低選抜型大学」群である。その際の視角として設定するのが、以下に示す仮説である。

仮説1．研究能力の評価の条件は、研究に対する社会的期待が（教育に対する社会的期待よりも）大きな機関で高くなる。すなわち、博士の学位を求める割合は、「高選抜型大学」群・「低選抜型大学」群では「非選抜型大学」群に比べ高くなる。

なお、本章と同じデータを用いて基礎的分析を行っている葛城（2022b）では、「博士の学位の取り扱い」を研究能力の評価の条件と考えるならばその条件は、非大学型高等教育機関に比べ大学のほうが高く、人文・社会科学系や医歯薬学系に比べ自然科学系のほうが圧倒的に高く、講師に比べ教授や准教授のほうが高いことを確認している。こうした点をふまえたうえで、以下では学部系統によってその条件のありようがどのように異なるのかについてみていこう。

2-1 学部系統別にみた「博士の学位の取り扱い」

学部系統別にみた「博士の学位の取り扱い」について、3群間でのカイ二乗検定による検討結果もあわせて示したのが表6-5である（参考までに非大学型高等教育機関の値も示している、表6-7も同様）。「博士の学位の取り扱い」については、公募情報の「応募資格」等にある記載をもとに、博士の学位を有することが条件のもの（「必須」）、博士の学位と同等の実績や能力が担保されていることが条件のもの（「実績」）、必ずしも博士の学位と同等の実績や能力までは担保されていないもの（「不要」）、そもそも学位についての記載がないもの（「記載なし」）に分類しており、表にはこのうち、一定の研究能力が求められているであろう「必須」と「実績」について示している。以下、学部系統別にその傾向を確認していこう。

まず、人文・社会科学系についてみると、職位を問わず3群間で有意な差がみられる。すなわち、ボーダーフリー大学の特徴を相対的に色濃く有している「非選抜型大学」群は、いずれの職位についても、「高選抜型大学」群に比べ「必須」の割合が低く、どれも1割に満たない。「低選抜型大学」群との差異は「必須」の割合ではみえにくいのだが、

表6-5　学部系統別にみた「博士の学位の取り扱い」

			教授			准教授			講師		
			必須	実績		必須	実績		必須	実績	
人文・社会科学系	私立大学	非選抜型大学	27	100	***	32	134	***	31	114	***
			7.6%	28.0%		7.0%	29.3%		7.6%	28.1%	
		低選抜型大学	24	283		34	410		20	334	
			4.6%	54.1%		4.6%	55.1%		3.3%	54.5%	
		高選抜型大学	83	324		103	383		46	217	
			16.1%	62.9%		16.9%	63.0%		13.4%	63.1%	
	参考	短期大学	0	15		0	16		0	14	
			0.0%	7.3%		0.0%	6.4%		0.0%	5.5%	
		高等専門学校	0	0		1	2		2	3	
			0.0%	0.0%		3.1%	6.3%		4.3%	6.5%	
自然科学系	私立大学	非選抜型大学	25	14	***	40	19	***	26	11	***
			47.2%	26.4%		54.1%	25.7%		55.3%	23.4%	
		低選抜型大学	82	28		113	39		78	34	
			66.1%	22.6%		66.1%	22.8%		60.9%	26.6%	
		高選抜型大学	52	6		94	6		54	3	
			85.2%	9.8%		90.4%	5.8%		90.0%	5.0%	
	参考	短期大学	0	0		1	0		1	0	
			0.0%	0.0%		14.3%	0.0%		20.0%	0.0%	
		高等専門学校	13	0		71	6		48	6	
			61.9%	0.0%		68.3%	5.8%		60.0%	7.5%	
医歯薬学系	私立大学	非選抜型大学	17	63	***	16	42	***	13	30	***
			8.5%	31.5%		5.7%	15.1%		4.5%	10.5%	
		低選抜型大学	46	72		37	45		29	36	
			16.7%	26.1%		12.6%	15.4%		8.8%	10.9%	
		高選抜型大学	69	6		18	11		27	4	
			58.5%	5.1%		50.0%	30.6%		49.1%	7.3%	
	参考	短期大学	3	9		2	9		1	0	
			10.0%	30.0%		4.5%	20.5%		3.0%	0.0%	
		高等専門学校	–	–		–	–		–	–	
			–	–		–	–		–	–	

注：上段は実数、下段は割合。表6-7も同様。

「必須」と「実績」を合わせた割合でみると、その差異は顕著なものとなる。すなわち、いずれの職位についても、「非選抜型大学」群はその他2群に比べ「必須」+「実績」の割合が低く、3分の1強に留まっている（「教授」でいえば「非選抜型大学」群で35.6%であるのに対し、「低選抜型大学」群で58.7%、「高選抜型大学」群で79.0%）。

次に自然科学系についてみると、こちらも職位を問わず3群間で有意な差がみられる。すなわち、いずれの職位についても、「非選抜型大学」群はその他2群に比べ「必須」の割合だけでなく、「必須」+「実績」の割合も低い（「教授」でいえば「非選抜型大学」群で73.6%であるのに対し、「低選抜型大学」群で88.7%、「高選抜型大学」群で95.1%）。ただし、先の人文・社会科学系と大きく異なるのは、「非選抜型大学」群でも「必須」の割合は職位を問わず5割程度と高く、「必須」+「実績」の割合では（こちらも職位を問わず）4分の3程度にまで及んでいるという点である。

さらに医歯薬学系についてみると、こちらも職位を問わず有意な差がみられる。すなわち、先の自然科学系と同様、いずれの職位についても、「非選抜型大学」群はその他2群に比べ「必須」の割合だけでなく、「必須」+「実績」の割合も低い（「教授」でいえば「非選抜型大学」群で40.0%であるのに対し、「低選抜型大学」群で42.8%、「高選抜型大学」群で63.6%）。割合としてみれば、人文・社会科学系に近いのだが、人文・社会科学系、自然科学系と大きく異なるのは、その割合が職位の高まりに応じて高くなるという点である。すなわち、「必須」の割合では職位を問わず1割未満とそう大きな差はみられないものの、「必須」+「実績」の割合では「教授」で4割に及ぶ（40.0%）のに対し、「准教授」・「講師」ではその半数程度に留まっている（「准教授」で20.8%、「講師」で15.0%）。

2-2 研究能力の評価についての仮説の妥当性

さて、以上の結果を「有意な差」（5%水準）という観点で整理したのが表6-6である。これまでの表では3群間での有意な差を示していたが、この表では2群間での比較に基づく有意な差を示している。また、「仮説との対応」には、仮説1（研究能力の評価の条件は、研究に対する社会的期待が（教育に対する社会的期待よりも）大きな機関で高くなる。すなわち、博士の学位を求める割合は、「高選抜型大学」群・「低選抜型大学」群では「非選抜型大学」群に比べ高くなる。）との対応関係を記号で示している。すなわち、それを支持する結果が得られていれば「○」を、部分的に得られていれば「△」を付している。なお、仮説を支持する結果が（部分的にも）得られていない場合には記号を付さないが、仮説とは対照的な結果（真逆の結果）が得られている場合には「×」を付すこととする（表6-8も同様）。

この表をみると、仮説1を支持する結果（表中では「○」）が職位を問わず得られているのは医歯薬学系のみであり、自然科学系では特定の職位（教授）でしか得られておらず、人文・社会科学系に至ってはいずれの職位でも得られていない。ただし、人文・社会科学系と自然科学系の複数の職位では、部分的には仮説を支持する結果（表中では「△」）が得られている。すなわち、「非選抜型大学」群と「高選抜型大学」群との差は有意であっても、「低選抜型大学」群との差が有意でないのである。こうした結果は、医師薬学系を除けば、ボーダーフリー大学で行われている採用人事における研究能力の評価の条件が、「中堅下位ランクの大

表6-6 「博士の学位の取り扱い」についての各群間の有意な差、仮説との対応一覧

		各群間の有意な差	仮説との対応
人文・社会科学系	教授	高選抜型大学＞非選抜型大学・低選抜型大学	△
	准教授	高選抜型大学＞非選抜型大学・低選抜型大学	△
	講師	高選抜型大学＞非選抜型大学＞低選抜型大学	
自然科学系	教授	高選抜型大学＞低選抜型大学＞非選抜型大学	○
	准教授	高選抜型大学＞低選抜型大学・非選抜型大学	△
	講師	高選抜型大学＞低選抜型大学・非選抜型大学	△
医歯薬学系	教授	高選抜型大学＞低選抜型大学＞非選抜型大学	○
	准教授	高選抜型大学＞低選抜型大学＞非選抜型大学	○
	講師	高選抜型大学＞低選抜型大学＞非選抜型大学	○

学」のそれとおおむね大差ない可能性を示唆している[6]。

3 公募情報からみえる採用人事での教育能力評価

次に本節では、教育能力の評価に相当する指標として「模擬授業の有無」を用いて、ボーダーフリー大学における採用人事において、教育能力がどの程度評価されているのかをみていきたい。その際の視角として設定するのが、以下に示す仮説である。

仮説2. 教育能力の評価の条件は、教育に対する社会的期待が（研究に対する社会的期待よりも）大きな機関で高くなる。すなわち、模擬授業を求める割合は、「非選抜型大学」群では「高選抜型大学」群・「中選抜型大学」群に比べ高くなる。

なお、先述の葛城（2022b）では、「模擬授業の有無」を教育能力評価の条件と考えるならばその条件は、大学に比べ非大学型高等教育機関のほうが高く、医歯薬学系や自然科学系に比べ人文・社会科学系のほうが圧倒的に高く、教授に比べ准教授や講師のほうが高いことを確認している。こうした点をふまえたうえで、前節と同様に、学部系統によってその条件のありようがどのように異なるのかについてみていこう。

3-1 学部系統別にみた「模擬授業の有無」

学部系統別にみた「模擬授業の有無」について、前節と同様に示したのが表6-7である。「模擬授業の有無」については、公募情報にある模擬授業に関する記載をもとに、模擬授業を求めるもの（「求める」）と求めないもの（「求めない」）に分類している。以下、学部系統別にその傾向を確認していこう。

まず、人文・社会科学系についてみると、「教授」と「准教授」では

表6-7　学部系統別にみた「模擬授業の有無」

			教授			准教授			講師		
			求める	求めない		求める	求めない		求める	求めない	
人文・社会科学系	私立大学	非選抜型大学	244	129	***	320	155	*	281	141	
			65.4%	34.6%		67.4%	32.6%		66.6%	33.4%	
		低選抜型大学	345	206		529	244		419	207	
			62.6%	37.4%		68.4%	31.6%		66.9%	33.1%	
		高選抜型大学	379	140		461	156		244	107	
			73.0%	27.0%		74.7%	25.3%		69.5%	30.5%	
	参考	短期大学	114	93		135	117		130	127	
			55.1%	44.9%		53.6%	46.4%		50.6%	49.4%	
		高等専門学校	5	1		25	7		38	8	
			83.3%	16.7%		78.1%	21.9%		82.6%	17.4%	
自然科学系	私立大学	非選抜型大学	28	25	**	34	41	**	23	25	
			52.8%	47.2%		45.3%	54.7%		47.9%	52.1%	
		低選抜型大学	47	77		66	106		51	78	
			37.9%	62.1%		38.4%	61.6%		39.5%	60.5%	
		高選抜型大学	14	47		25	79		17	43	
			23.0%	77.0%		24.0%	76.0%		28.3%	71.7%	
	参考	短期大学	0	5		0	7		0	5	
			0.0%	100.0%		0.0%	100.0%		0.0%	100.0%	
		高等専門学校	15	7		87	21		69	14	
			68.2%	31.8%		80.6%	19.4%		83.1%	16.9%	
医歯薬学系	私立大学	非選抜型大学	75	146	***	79	225		71	233	
			33.9%	66.1%		26.0%	74.0%		23.4%	76.6%	
		低選抜型大学	89	234		82	279		86	300	
			27.6%	72.4%		22.7%	77.3%		22.3%	77.7%	
		高選抜型大学	13	105		10	29		10	48	
			11.0%	89.0%		25.6%	74.4%		17.2%	82.8%	
	参考	短期大学	5	26		5	40		2	33	
			16.1%	83.9%		11.1%	88.9%		5.7%	94.3%	
		高等専門学校	–	–		–	–		–	–	
			–	–		–	–		–	–	

有意な差がみられる。すなわち、そのいずれについても、「非選抜型大学」群は「高選抜型大学」群に比べ「求める」の割合が低く、3分の2程度に留まっている。なお、「低選抜型大学」群の割合はそれと同程度である。こうした傾向は、仮説が想定している関係性とはおよそ逆の関係性であることには留意しておきたい。

次に自然科学系についてみると、「教授」と「准教授」では有意な差がみられる。すなわち、そのいずれについても、「非選抜型大学」群はその他2群に比べ「求める」の割合が高く、半数程度に及んでいる。なお、「講師」でも有意な差こそみられないものの同様の傾向がうかがえる。

さらに医歯薬学系についてみると、「教授」でのみ有意な差がみられる。すなわち、「教授」では、「非選抜型大学」群はその他2群に比べ「求める」の割合が高く、3割を超えている。なお、「准教授」と「講師」で有意な差がみられない理由のひとつは、「博士の学位の取り扱い」と同様に、その割合が職位の高まりに応じて高くなっていることにある。

3-2 教育能力の評価についての仮説の妥当性

さて、以上の結果を前項と同様、「有意な差」(5% 水準)という観点で整理したのが表6-8である。先の表6-6と同様、この表では2群間での比較に基づく結果を示している。また、「仮説との対応」には、仮説2(教育能力の評価の条件は、教育に対する社会的期待が(研究に対する社会的期待よりも)大きな機関で高くなる。すなわち、模擬授業を求める割合は、「低選抜型大学」群では「高選抜型大学」群・「中選抜型大学」群に比べ高くなる。)との対応関係を記号で示している。

この表をみると、仮説2を支持する結果はまったく得られておらず、部分的に仮説を支持する結果(表中では「△」)も、職位を問わず得られているのは自然科学系のみである。人文・社会科学系に至ってはいずれの職位でもそれすら得られていないどころか、複数の職位でむしろ仮説

表6-8 「模擬授業の有無」についての各群間の有意な差、仮説との対応一覧

		各群間の有意な差	仮説との対応
人文・社会科学系	教授	高選抜型大学＞非選抜型大学・低選抜型大学	×
	准教授	高選抜型大学＞低選抜型大学・非選抜型大学	×
	講師		
自然科学系	教授	非選抜型大学・低選抜型大学＞高選抜型大学	△
	准教授	非選抜型大学・低選抜型大学＞高選抜型大学	△
	講師	非選抜型大学＞高選抜型大学	△
医歯薬学系	教授	非選抜型大学・低選抜型大学＞高選抜型大学	△
	准教授		
	講師		

とは対照的な結果（表中では「×」）が得られている。なぜ対照的な結果が得られるのか、気になるところではあるが[7]、ここで留意したいのは、部分的に仮説を支持する結果が得られた自然科学系であれ、仮説とは対照的な結果が得られた人文・社会科学系であれ、「非選抜型大学」群と「低選抜型大学」群との差が有意でないことに違いはないという点である。こうした結果は、ボーダーフリー大学で行われている採用人事における教育能力の評価の条件もまた、「中堅下位ランクの大学」のそれと大差ない可能性を示唆している[8]。加藤（2023）によれば、模擬授業の実施は特に私立大学や短期大学で増えてきてはいるが、そうしたトレンドを先導しているのはボーダーフリー大学ではないということだろう。

4 まとめと考察

本章では、ボーダーフリー大学における教員人事について理解すべく、大学の教育・研究に対する姿勢が対外的にも示される採用人事に着目しJREC-IN Portal に掲載されている公募情報等に基づき、その実態に迫ってきた。本章で得られた主要な知見は以下の通りである。

第一に、アンケート調査の分析から、ボーダーフリー大学教員のうち、

講師以上の職位での採用人事が公募だった者は大多数を占めているわけではなく、「(純粋な) 一本釣り」だった者が少なくない可能性や、純粋な公募だった者はそうでなかった者に比べ、就職した時点のレフリー論文が多い可能性を示唆する結果が得られた。特に後者の知見から、純粋な公募だった者には研究能力の高い者が多い一方で、そうでなかった者には研究能力の高い者は相対的に少ない可能性が高いと考えられる。

第二に、公募情報の分析から、「研究能力の評価の条件は、研究に対する社会的期待が (教育に対する社会的期待よりも) 大きな機関で高くなる」という仮説を支持する結果が職位を問わず得られたのは医歯薬学系のみである。人文・社会科学系と自然科学系の複数の職位では、部分的には仮説を支持する結果が得られたが、「非選抜型大学」群と「高選抜型大学」群との差は有意であっても、「低選抜型大学」群との差が有意でない。こうした結果は、医師薬学系を除けば、ボーダーフリー大学で行われている採用人事における研究能力の評価の条件が、「中堅下位ランクの大学」のそれと大差ない可能性を示唆している。

第三に、同じく公募情報の分析から、「教育能力の評価の条件は、教育に対する社会的期待が (研究に対する社会的期待よりも) 大きな機関で高くなる」という仮説を支持する結果はまったく得られなかった。部分的に仮説を支持する結果も、職位を問わず得られたのは自然科学系のみであり、人文・社会科学系に至っては複数の職位でむしろ仮説とは対照的な結果が得られた。部分的に仮説を支持する結果が得られた自然科学系であれ、仮説とは対照的な結果が得られた人文・社会科学系であれ、「非選抜型大学」群と「低選抜型大学」群との差が有意でないことに違いはない。こうした結果は、ボーダーフリー大学で行われている採用人事における教育能力の評価の条件もまた、「中堅下位ランクの大学」のそれと大差ない可能性を示唆している。

このうち第二の知見と第三の知見は、ボーダーフリー大学における公募を利用した採用人事において、「大学」としてのアイデンティティを保ちうる「穏当な選択肢」が採られていることを裏付けるものであるといえよう。すなわち、大学の研究重視の姿勢を示す象徴ともいえる博士の学位の取り扱いや、教育重視の姿勢を示す象徴ともいえる模擬授業の有無は、「非選抜型大学」群と「低選抜型大学」群とでは大差ないからである。博士の学位の取り扱いや模擬授業の有無に大学の研究・教育重視の姿勢が端的に示されているのだとすれば、前章で示した、ボーダーフリー大学教員と「中堅下位ランクの大学」教員の研究・教育に関する関心と活動のありように大差がないという前章の結果も理解できよう。

一方、ボーダーフリー大学教員と「中堅下位ランクの大学」教員を分けるのは、研究に関する関心と活動が研究成果として実を結ぶか否かという点のみだとする前章の結果も、第一の知見によって理解できる。すなわち、第一の知見に示すように、ボーダーフリー大学における採用人事は「(純粋な) 一本釣り」が少なくないと考えられるのだが、こうした「一本釣り」によって採用された教員には、研究能力の高い者が相対的に少ない可能性が高いからである。また、「一本釣り」以外の公募において採用された教員も、一定の研究関心と研究能力を有している者であればそれを存分に発揮できる環境を求めて、ほかの大学への異動のチャンスを虎視眈々と狙っているだろうが、実際に異動できるのは、公募における公平な選抜を勝ち抜けるだけの高い研究能力を有している者である。こうした採用と異動が繰り返されることによって、ボーダーフリー大学教員と「中堅下位ランクの大学」教員の研究能力の差が増幅されていくことで、たとえ両者の研究に対する関心と活動が同程度であったとしても、研究成果に差が生じていくことになるのだろう。

このように、ボーダーフリー大学の採用人事において、「大学」としてのアイデンティティを保ちうる「穏当な選択肢」が採られることは、当該大学教員と「中堅下位ランクの大学」教員の教育・研究に対する関心と活動のありようを大差ないものにすることに一定程度寄与していると考えられる。採用人事には大学の教育・研究に対する姿勢が表れるのだとすれば、ボーダーフリー大学教員の意識の変化を妨げる要因は大なり小なり、当該大学の至るところに転がっているのではないだろうか。

注

[1]　この論文には広島大学高等教育研究開発センターのホームページからアクセスできるのだが、これまでに15,000件以上のダウンロードがなされている。

[2]　例えば、『月刊 先端教育』（2021年2月号）には、筆者へのインタビューをまとめた「大学教員になるのは狭き門？ 実務家出身者に求められる努力とは」と題する記事が掲載されている（64-65頁）。

[3]　これらの分類は、公募情報の「研究分野」の「大分類」に基本設定されている「総合人文社会」、「人文学」、「社会科学」を「人文・社会科学系」に、「総合理工」、「数物系科学」、「化学」、「工学」、「総合生物」、「生物学」、「農学」を「自然科学系」に、「医歯薬学」を「医歯薬学系」に再カテゴリ化したものである。

[4]　偏差値は『2022年版大学ランキング』（朝日新聞出版）を参照している。

[5]　2020年度と2021年度の2年間で公募を利用した大学の割合は、「非選抜型大学」群で76.8%、「低選抜型大学」群で82.5%、「高選抜型大学」群で85.5%である。なお、「非選抜型大学」群のなかでも偏差値帯が低いほど利用割合が低く、「BF（ボーダー・フリー）」では7割に満たない（69.9%）。

[6]　なお、「非選抜型大学」群と非大学型高等教育機関との差は総じて有意であり（特に人文・社会科学系で顕著）、仮説1（研究能力の評価の条件は、研究に対する社会的期待が（教育に対する社会的期待よりも）大きな機関で高くなる）に沿った結果が得られている（表6-9参照）。こうした結果は、特に人文・社会科学系のボーダーフリー大学で行われている採用人事における研究能力の評価の条件が、非大学型高等教育機関のそれと大きく異なる可能性を示唆している。

表6-9「博士の学位の取り扱い」についての「非大学型高等教育機関」との有意な差

		各群間の有意な差	検討対象外
人文・社会科学系	教授	非選抜型大学＞短期大学	高専
	准教授	非選抜型大学＞高等専門学校＞短期大学	
	講師	非選抜型大学＞高等専門学校＞短期大学	
自然科学系	教授	−	短大、高専
	准教授	非選抜型大学＞高等専門学校	短大
	講師		短大
医歯薬学系	教授	−	短大、高専
	准教授		高専
	講師	非選抜型大学＞短期大学	高専

注：サンプルの少ないカテゴリ（便宜的に30未満）は検討対象外としている。表6-10も同様。

[7] なぜ対照的な結果が得られるのか、妥当な解釈を示すことは難しいのだが、葛城（2024b）は、人文・社会科学系の下位分類である「社会科学」、またその「社会科学」の下位分類である「社会学関係」でも同様の傾向がみられることから、下位分類まで想定することで妥当な解釈に至る可能性は十分にあると指摘している。

[8] なお、「非選抜型大学」群と「非大学型高等教育機関」との差は総じて有意であるが、仮説2（教育能力の評価の条件は、教育に対する社会的期待が（研究に対する社会的期待よりも）大きな機関で高くなる）に沿った結果が得られているわけでは必ずしもない（表6-10参照）。むしろ、特に「短期大学」では「非選抜型大学」群に比べ模擬授業を求める割合が低くすらある（人文・社会科学系、医歯薬学系）。仮説とは対照的な結果が、私立大学3群間のみならず、ここでもみられるというのは非常に興味深い。

表6-10 「模擬授業の有無」についての「非大学型高等教育機関」との有意な差

		各群間の有意な差	検討対象外
人文・社会科学系	教授	非選抜型大学＞短期大学	高専
	准教授	高等専門学校・非選抜型大学＞短期大学	
	講師	高等専門学校＞非選抜型大学＞短期大学	
自然科学系	教授	−	短大、高専
	准教授	高等専門学校＞非選抜型大学	短大
	講師	高等専門学校＞非選抜型大学	短大
医歯薬学系	教授	−	短大、高専
	准教授	非選抜型大学＞短期大学	高専
	講師	非選抜型大学＞短期大学	高専

第7章
研究は教育の質保証に資するのか

第6章では、ボーダーフリー大学で今なお続く、研究重視の教員人事について理解すべく、大学の教育・研究に対する姿勢が対外的にも示される採用人事に着目し、その実態に迫った。その結果、ボーダーフリー大学で行われている採用人事における研究・教育能力の評価の条件は、「中堅下位ランクの大学」のそれと大差ないことを示唆する結果が得られた（ただし、研究能力の評価については医歯薬学系を除く）。

ここで問題となるのは、こうした研究重視の教員人事に象徴される、大学の研究に対する姿勢が、ボーダーフリー大学における教育の質保証という文脈において果たして望ましいのか、という点である。すなわち、そうした研究重視の姿勢が教育の質保証に資するのであれば望ましいということに、そうでないというのであれば望ましくないということになろう。

その判断をするうえで重要な指摘をしているのが遠藤（2014）である。遠藤は「低選抜型大学を含むほとんどの大学は、相変わらず研究業績を中心に据えた人事を続けている」（62頁）としたうえで、「教育業績に関する人事上の評価がほとんど行われていない[1]という現実は、当然ながら、スタッフが教育にエフォートをかけるインセンティブが構造的に欠けていることを意味している」として、「大学における教育エフォートとは、依然として「善意の無償ボランティア活動」に過ぎないと言わざるを得ない」（同上）と指摘している。こうした指摘は、ボーダーフリ一大学において大学の研究重視の姿勢を維持（堅持）することは、当該大学における教育の質保証を妨げることになる可能性を示唆するものである。ボーダーフリー大学における教育の質保証に真剣に取り組もうと考えるのであれば、特に大学の研究に対する姿勢のあり方については検討しておく必要があるだろう。

そこで本章では、研究重視の教員人事に象徴される、大学の研究に対する姿勢が、ボーダーフリー大学における教育の質保証という文脈において果たして望ましいのか、という問いを念頭に置きつつ、両者の関係性の実態に迫ってみたい[2]。すなわち、まずは大学の研究に対する姿勢を把握すべく、ボーダーフリー大学が当該大学教員の研究活動に対してどの程度期待し、支援しているのかについて確認したうえで、そうした期待・支援が彼らの研究・教育活動にどのような影響を与えているのかについて明らかにしたい。なお、本章で用いる調査の実施時期は10年前と幾分古く、特に研究活動に対する支援（個人研究費）については目減りしている可能性も高いが[3]、ここで描き出される実態の本質的な構造は基本的には変わらないと考えている。

使用するデータの概要

本章で使用するデータは、偏差値45以下の大学（正確には学部）に所属している教員を対象として、2013年11月から2014年1月にかけて実施したアンケート調査に基づくものである。なお、これに該当する大学が本書で定義するボーダーフリー大学であるとは必ずしも限らないことを付記しておく。有効回答者数は831名であり、配布数を母数とした回答率は29.1％であった。分析対象者の基本的属性（学部系統、年齢層、最高学位）は表7-1に示す通りである。学部系統[4]については、「社会科学系」が「理・工学系」よりも多く、「年齢層」については、「ベテラン層」と「若手層」が多い[5]。「最高学位」については「博士」が多く、特に「理・工学系」で顕著である。

表7-1　分析対象者の基本的属性

	全体	学部系統			年齢層			最高学位		
		社会科学系	理・工学系	その他	ベテラン層	中堅層	若手層	博士	修士	学士
全体	831	429	311	88	325	208	290	443	248	56
		51.8%	37.6%	10.6%	39.5%	25.3%	35.2%	59.3%	33.2%	7.5%
社会科学系	429				150	108	165	148	185	30
					35.5%	25.5%	39.0%	40.8%	51.0%	8.3%
理・工学系	311				135	81	95	272	21	16
					43.4%	26.0%	30.5%	88.0%	6.8%	5.2%

1　研究活動に対する期待･支援の現状

1-1　研究活動に対する期待

それではまず、ボーダーフリー大学が当該大学教員の研究活動に対してどの程度期待しているのかについて確認していこう。この調査では、「あなたが所属している大学では、教員の研究活動には何が求められていますか。」とたずね、「国際的に活躍すること」、「外部研究資金を獲得すること」、「質の高い研究業績を出すこと」、「継続的に研究すること」、「その他」、「何も求められていない」の6つの選択肢のなかから回答を求めている（複数回答可）。

その結果、研究活動に対する期待が比較的大きいと考えられる選択肢への回答が多くなされていることが確認できた。すなわち、「国際的に活躍すること」への回答こそ多くはなかったものの（10.5%）、「外部研究資金を獲得すること」や「質の高い研究業績を出すこと」への回答は比較的多かった（60.1%、34.9%）。特に「外部研究資金を獲得すること」については、研究活動に対する期待が比較的小さいと考えられる「継続的に研究すること」への回答（43.5%）よりも多かったことには留意したい。研究活動に対する期待が皆無と考えられる「何も求められていない」への回答は1割ほどに過ぎなかった（14.9％）。なお、学部系統別にみても大差はなく、有意な差がみられたのは「外部研究資金を獲得すること」（社会科学系51.9％、理・工学系73.0％、$p < 0.001$）と「何も求められていない」のみであった（社会科学系18.2％、理・工学系10.3％、$p < 0.01$）。こうした結果は、教育活動に対する社会的期待が非常に大きいボーダーフリー大学であっても、研究活動に対する期待が決して小さなものではない可能性を示唆しているといえよう。

1-2 研究活動に対する支援

次に、ボーダーフリー大学が当該大学教員の研究活動に対してどの程度支援しているのかについて確認していこう。この調査では、「今年のあなたの研究費はどのくらいですか。」とたずね、「現在所属している大学から」の配分額について、実数（万円単位）での回答を求めている。

その結果、現在所属している大学からの研究費による研究活動に対する支援は、あくまで中央値でみる限りにおいては、比較的充実していることが確認できた。すなわち、「現在所属している大学から」の配分額の中央値は40万円と比較的高く、学部系統別にみると理・工学系では54万円と50万円を超えていた（社会科学系では40万円）。なお、最大値が、理・工学系では600万円、社会科学系でも175万円であったことから、この値には経常的に配分される研究費以外の研究費も含まれていると考えられる。ここで留意しておきたいのは最小値である。研究費をまったく配分されていない者が少数ながらも存在する（14名、1.9％）というのは実に興味深い結果である。いずれにせよ、こうした結果は、教育活動に対する社会的期待が非常に大きいボーダーフリー大学であっても、研究費による研究活動に対する支援もまた決して小さなものではない可能性を示唆しているといえよう。

1-3 研究活動に対する期待と支援との関連性

前項までに、教育活動に対する社会的期待が非常に大きいボーダーフリー大学であっても、研究活動に対する期待と支援が決して小さなものではない可能性を示唆する結果が確認された。それでは、研究活動に対する期待と支援の間にはどのような関連性があるのだろうか。研究活動に対する期待が大きいほど、支援も充実しそうなものだが、そのような関連性はみられるのだろうか。

研究活動に対する期待によって、研究費による研究活動に対する支援がどの程度異なるのか、研究活動に対する期待に基づく3群間での平均値の差の検定（一元配置分散分析）による検討結果もあわせて示したのが表7-2である。なお、研究活動に対する期待に基づく3群とは、「国際的に活躍すること」、「外部研究資金を獲得すること」、「質の高い研究業績を出すこと」のうちいずれかでも回答した者を「期待大」群、「継続的に研究すること」のみ回答した者を「期待小」群、「何も求められていない」へ回答した者を「無期待」群に分類したものである。各群のサンプルはそれぞれ、526名、91名、112名である（社会科学系で235名、54名、66名、理・工学系で240名、28名、32名）。

全体の結果をみると、その値がもっとも高いのは「期待大」群で、もっとも低いのが「無期待」群であり、3群間では有意な差がみられる。学部系統別の結果をみると、同様の傾向は社会科学系ではみられるものの、理・工学系ではみられない。こうした結果は、特に社会科学系のボ

表7-2　研究活動に対する期待と支援との関連性

	全体	期待大	期待小	無期待	
全体	58.8	62.2	51.8	44.4	**
社会科学系	40.0	42.5	37.1	34.2	*
理・工学系	82.9	83.8	91.5	69.3	

注：*** は $p < 0.001$、** は $p < 0.01$、* は $p < 0.05$、† は $p < 0.1$。以下同様。
値は研究費の配分額（単位は万円)。表7-4・6も同様。

ーダーフリー大学では、研究活動に対する期待が大きいほど、研究費による研究活動に対する支援も充実している可能性を示唆するものである。

興味深いのは、「無期待」群でも研究費が比較的充実しているという点である。すなわち、理・工学系では70万円ほどであり（中央値では45万円)、社会科学系でも30万円を超えている（中央値では36万円)。研究活動に対する期待が小さいほど、研究費による研究活動に対する支援も充実しなくなるとはいえ、平均値・中央値でみる限りでは、期待がまったくなかったとしても、支援は比較的充実しているといえるだろう。

2 研究活動に対する期待･支援が教員の研究･教育活動に与える影響

それでは、前節でみてきたボーダーフリー大学における研究活動に対する期待・支援が、当該大学教員の研究・教育活動にどのような影響を与えているのかについてみていこう。

2-1 研究活動に対する期待･支援と研究活動との関連性

まず、研究活動に対する期待・支援が教員の研究活動に与える影響についてみていこう。研究活動の指標とするのは、第5章でも取り上げた「研究活動の生産性」である。「過去3年間に、以下のような研究活動をどのくらいされましたか。」とたずね、以下に示す項目のそれぞれについて設定した選択肢のなかから回答を求めている。研究活動に対する期待が大きく、支援が充実しているほど、研究活動の生産性は高くなりそうなものだが、そのような関連性はみられるのだろうか。

研究活動に対する期待によって、研究活動の生産性がどの程度異なるのか、研究活動に対する期待に基づく3群間でのカイ二乗検定による検討結果もあわせて示したのが表7-3である。

全体の値をみると、「科学研究費の採択」では3群間で有意な差（5%水準）がみられる。しかし、「ある」との回答の割合がもっとも高いのは「無期待」群である。また、学部系統別の値をみても、いずれの学部系統においても「科学研究費の採択」で有意な差がみられ、同様の傾向がみてとれる。こうした結果は、ボーダーフリー大学では、研究活動に対する期待が大きいほど、研究活動の生産性が高くなるわけではない可能性を示唆するものである。

一方、研究費による研究活動に対する支援によって、研究活動の生産

表7-3　研究活動に対する期待と研究活動との関連性

			期待大	期待小	無期待	
全体	学会等での発表	7回以上	17.1%	16.7%	17.0%	
		4～6回	21.2%	18.9%	18.8%	
		3回以内	38.5%	32.2%	42.9%	
		ない	23.3%	32.2%	21.4%	
	学術書、学術雑誌に発表した論文	7本以上	9.4%	9.9%	16.4%	†
		4～6本	18.5%	22.0%	24.5%	
		3本以内	49.7%	38.5%	39.1%	
		ない	22.4%	29.7%	20.0%	
	学会誌相当のレフリー論文	3本以上	15.2%	20.9%	17.1%	
		2本	13.7%	9.9%	16.2%	
		1本	27.1%	23.1%	20.7%	
		ない	44.0%	46.2%	45.9%	
	科学研究費の採択	ある	24.8%	9.9%	37.8%	***
		ない	75.2%	90.1%	62.2%	
社会科学系	学術書、学術雑誌に発表した論文	7本以上	9.4%	11.1%	20.3%	*
		4～6本	24.0%	24.1%	29.7%	
		3本以内	51.9%	35.2%	34.4%	
		ない	14.6%	29.6%	15.6%	
	科学研究費の採択	ある	26.8%	11.1%	38.5%	**
		ない	73.2%	88.9%	61.5%	
理・工学系	学術書、学術雑誌に発表した論文	7本以上	8.8%	10.7%	15.6%	
		4～6本	15.9%	21.4%	18.8%	
		3本以内	46.4%	42.9%	40.6%	
		ない	28.9%	25.0%	25.0%	
	科学研究費の採択	ある	22.3%	7.1%	40.6%	**
		ない	77.7%	92.9%	59.4%	

注：紙幅の関係上、有意差及び有意傾向のみられない項目は一部省略している。表7-5も同様。

性がどの程度異なるのか、研究活動の生産性に基づく複数群間での平均値の差の検定（「科学研究費の採択」のみt検定、それ以外は一元配置分散分析）による検討結果もあわせて示したのが表7-4である。なお、当然のことながら、各群のサンプルは項目によって異なっている。煩雑になるので、詳細は注を参照されたい[6]。

全体の値をみると、すべての項目で有意な差がみられる。すなわち、いずれについてもその値がもっとも高いのは生産性のもっとも高い選択肢であり、もっとも低いのが生産性のもっとも低い選択肢である。ただ、学部系統別の値をみると、理・工学系ではすべての項目で有意な差がみられ、同様の傾向がみてとれるのに対し、社会科学系ではすべての項目で有意な差がみられない。こうした結果は、理・工学系のボーダーフリー大学では、研究費による研究活動に対する支援が充実しているほど、研究活動の生産性が高くなるのに対し、社会科学系のボーダーフリー大学では、研究費による研究活動に対する支援が充実していようが、研究活動の生産性が高くなるわけではない可能性を示唆するものである。

このように、研究活動に対する期待が大きく、支援が充実しているほ

表7-4　研究費による支援と研究活動との関連性

		全体		社会科学系		理・工学系	
学会等での発表	7回以上	94.2	***	44.4		116.5	***
	4〜6回	60.9		40.3		76.9	
	3回以内	52.7		41.3		71.2	
	ない	41.6		36.5		58.9	
学術書、学術雑誌に発表した論文	7本以上	78.8	*	44.6		116.2	*
	4〜6本	58.8		42.8		86.2	
	3本以内	57.6		37.7		83.2	
	ない	52.1		38.5		68.5	
学会誌相当のレフリー論文	3本以上	81.3	***	42.6		101.6	*
	2本	63.4		44.4		86.8	
	1本	66.4		40.6		89.5	
	ない	45.2		37.8		64.1	
科学研究費の採択	ある	70.0	**	42.5		108.3	**
	ない	55.1		38.8		75.1	

ど、研究活動の生産性は高くなるという関連性を裏付ける結果は必ずしも得られなかった。すなわち、特に理・工学系のボーダーフリー大学では、研究費による研究活動に対する支援が充実しているほど、研究活動の生産性が高くなる可能性を示唆する結果は得られたが、研究活動に対する期待が大きいほど、研究活動の生産性が高くなる可能性を示唆する結果は学部系統を問わず得られなかったのである。

2-2 研究活動に対する期待・支援と教育活動との関連性

次に、研究活動に対する期待・支援が教員の教育活動に与える影響についてみていこう。教育活動の指標とするのは、ボーダーフリー大学における教育の質保証について考えるうえで重要だと考えられる先行研究の知見等を参考に設定した「教育活動の取組状況」である。「教育活動に関する以下のような事項は、あなた自身にどの程度あてはまりますか。」とたずね、以下に示す項目のそれぞれについて、「あてはまる」から「あてはまらない」までの5つの選択肢のなかから回答を求めている。なお、設定している項目のいくつかは、第3章で取り上げた項目にも通じるものである。

前項とは異なり、両者の関連性には2つのパターンが考えられる。すなわち、ひとつは、教育と研究の葛藤モデルを支持するものであり、いまひとつは教育と研究の統合モデルを支持するものである。前者であれば、研究活動に対する期待が大きく、支援が充実しているほど、教育活動の取組状況が悪くなると考えられるが、後者であれば、研究活動に対する期待が大きく、支援が充実しているほど、教育活動の取組状況が良くなると考えられる。いずれのモデルを支持するものであるにせよ、そのような関連性はみられるのだろうか。

研究活動に対する期待によって、教育活動の取組状況がどの程度異なるのか、研究活動に対する期待に基づく3群間でのカイ二乗検定による検討結果もあわせて示したのが表7-5である。

全体の値をみると、「FD活動で学んだことをできるだけ授業に還元している」と「学生が社会に出ても恥ずかしくない態度を身につけられるよう学生に意識的に働きかけている」といった項目では有意な差（5%水準）がみられる。すなわち、肯定的な回答の割合がもっとも高いのは「期待大」群であり、もっとも低いのが「無期待」群である。ただ、学部系統別の値をみると、いずれの学部系統においても前者では有意傾向にある同様の差がみてとれるのに対し、後者では有意傾向にある差すらみられない。こうした結果は、ボーダーフリー大学では、ごく特定の教育活動（「FD活動で学んだことをできるだけ授業に還元している」）を除けば、研究活動に対する期待が大きいほど、その取組状況が悪くなるわけでもないし、良くなるわけでもない可能性を示唆するものである。すなわち、両者の関連性は総じて、教育と研究の葛藤モデルを支持するものでも、統合モデルを支持するものでもないといえよう。

一方、研究費による研究活動に対する支援によって、教育活動の取組状況がどの程度異なるのか、教育活動の取組状況に基づく3群間での平均値の差の検定による検討結果もあわせて示したのが表7-6である。なお、教育活動の取組状況に基づく3群とは、「あてはまる」へ回答した者を「強肯定」群、「どちらかといえばあてはまる」へ回答した者を「弱肯定」群、それら以外へ回答した者を「非肯定」群に分類したものである。当然のことながら、各群のサンプルは項目によって異なっている。こちらも煩雑になるので、詳細は注を参照されたい[7]。

全体の値をみると、すべての項目で有意な差（5%水準）がみられない。また、学部系統別の値をみても同様である。こうした結果は、ボーダーフリー大学では、研究費による研究活動に対する支援が充実しているほど、教育活動の取組状況が悪くなるわけでもないし、良くなるわけでもない可能性を示唆するものである。すなわち、両者の関連性は、教育と研究の葛藤モデルを支持するものでも、統合モデルを支持するものでもないといえよう。

表7-5　研究活動に対する期待と教育活動との関連性

		期待大	期待小	無期待	
全体	FDプログラムへの参加など、FD活動に積極的に参加している	54.6%	45.1%	40.2%	†
	FD活動で学んだことをできるだけ授業に還元している	52.6%	39.6%	34.8%	**
	自身の研究活動の成果をできるだけ授業に還元している	62.5%	59.3%	55.4%	
	提出物にはコメントを付して返却するようにしている	53.2%	46.2%	45.5%	†
	成績評価は評価基準に照らして厳密に行っている	78.3%	75.8%	76.8%	
	学生が学習習慣や学習レディネスを身につけられるよう工夫している	66.1%	54.9%	64.3%	
	学生が社会に出ても恥ずかしくない態度を身につけられるよう学生に意識的に働きかけている	83.3%	78.9%	70.5%	*
社会科学系	FDプログラムへの参加など、FD活動に積極的に参加している	51.1%	38.9%	36.4%	
	FD活動で学んだことをできるだけ授業に還元している	51.5%	38.9%	30.3%	†
	提出物にはコメントを付して返却するようにしている	54.0%	44.4%	50.0%	
	学生が社会に出ても恥ずかしくない態度を身につけられるよう学生に意識的に働きかけている	83.4%	77.8%	78.8%	
理・工学系	FDプログラムへの参加など、FD活動に積極的に参加している	56.7%	64.3%	43.8%	†
	FD活動で学んだことをできるだけ授業に還元している	51.9%	42.9%	31.3%	†
	提出物にはコメントを付して返却するようにしている	52.3%	39.3%	34.4%	
	学生が社会に出ても恥ずかしくない態度を身につけられるよう学生に意識的に働きかけている	82.5%	77.8%	65.6%	

注：値は肯定的な回答の割合。

表7-6　研究費による支援と教育活動との関連性

		全体		社会科学系		理・工学系	
FD プログラムへの参加など、FD 活動に積極的に参加している	強肯定	56.7		38.9	†	81.8	
	弱肯定	54.4		36.5		72.8	
	非肯定	62.4		42.2		91.4	
FD 活動で学んだことをできるだけ授業に還元している	強肯定	50.0	†	34.1	†	79.1	
	弱肯定	55.0		38.8		76.3	
	非肯定	63.5		42.2		88.8	
自身の研究活動の成果をできるだけ授業に還元している	強肯定	50.2		42.0		71.5	
	弱肯定	61.3		39.8		93.2	
	非肯定	61.0		38.5		78.6	
提出物にはコメントを付して返却するようにしている	強肯定	55.2		37.9		76.1	
	弱肯定	54.8		37.6		76.2	
	非肯定	63.1		42.4		89.9	
成績評価は評価基準に照らして厳密に行っている	強肯定	57.2		40.3		82.1	
	弱肯定	57.7		41.2		79.4	
	非肯定	64.0		37.0		89.3	
学生が学習習慣や学習レディネスを身につけられるよう工夫している	強肯定	58.7		40.1		84.0	
	弱肯定	57.6		40.3		79.3	
	非肯定	60.4		39.6		87.2	
学生が社会に出ても恥ずかしくない態度を身につけられるよう学生に意識的に働きかけている	強肯定	56.3		39.4		84.8	
	弱肯定	62.3		39.2		87.3	
	非肯定	55.3		43.2		69.0	

このように、研究活動に対する期待との関連性にせよ、研究活動に対する支援との関連性にせよ、教育と研究の葛藤モデル及び統合モデルを支持する結果は総じて得られなかった。すなわち、ボーダーフリー大学では、研究活動に対する期待・支援が大きい／充実しているほど、教育活動の取組状況が悪くなる、あるいは良くなる可能性を示唆する結果は総じて得られなかったのである。

3　教員の研究・教育活動の規定要因

前節の分析から、ボーダーフリー大学における研究活動に対する期待・支援が教員の研究・教育活動にどのような影響を与えているのか、その関係性のありようがみえてきた。しかし、以上の分析では、変数相互の影響力やその他の変数の影響力が考慮されていない。そこで、改めてその関係性のありようを重回帰分析によって確認したい。

従属変数には、「研究活動の生産性」、「教育活動の取組状況」を用いる。また、独立変数には、「研究活動に対する期待」、「研究活動に対する支援（研究費）」を用いる。また、これら以外にも、統制変数として、「大学以外から配分される研究費」や個人的属性（年齢、最高学位、職階、実務家教員か否か、研究・教育に対する関心、研究・教育に費やす時間の割合）を用いる。これらの変数の詳細は表7-7に示す通りである。

重回帰分析を行った結果を示したのが表7-8である。全体の結果をみると、「研究活動に対する期待」は、「研究活動の生産性」にせよ「教育活動の取組状況」にせよ、教員の研究・教育活動に有意な影響を与えていない。一方、「研究活動に対する支援（研究費）」は、「研究活動の生産性」には有意な正の影響を与えているものの、「教育活動の取組状況」には有意な「負の」影響を与えている。なお、「大学以外から配分される研究費」は、「研究活動の生産性」には有意な正の影響を与えているものの（その影響力は「研究活動に対する支援（研究費）」より明らかに大きい）、「教育活動の取組状況」には有意な「負の」影響を与えてはいない。

学部系統別にみると、「研究活動に対する期待」については、同様の傾向が確認できるのだが、「研究活動に対する支援（研究費）」については、異なる傾向が確認できる。すなわち、社会科学系では全体の結果とおおむね同様に、「研究活動に対する支援（研究費）」が、「研究活動の生産性」に有意傾向にある正の影響を与え、「教育活動の取組状況」に有意な「負の」影響を与えているのに対し、理・工学系ではいずれについ

表7-7　重回帰分析に使用する変数の詳細

従属変数	
研究活動の生産性	：表7-3・4で示した4項目を用いて主成分分析を行い、そこで得られた主成分得点[8]
教育活動の取組状況	：表7-5・6で示した7項目を用いて主成分分析を行い、そこで得られた主成分得点[9]
独立変数	
研究活動に対する期待	：「無期待」＝1、「期待小」＝2、「期待大」＝3の得点を配分
研究活動に対する支援（研究費）	：「現在所属している大学から」の配分額
大学以外から配分される研究費	：「所属している大学以外から」の配分額
個人的属性	
年齢	：「20～30代」＝1、「40代前半」＝2、「40代後半」＝3、「50代前半」＝4、「50代後半～」＝5の得点を配分
最高学位	：「学士」＝1、「修士」＝2、「博士」＝3の得点を配分
職階	：「講師」＝1、「准教授」＝2、「教授」＝3の得点を配分
実務家教員か否か	：実務家教員なら1、それ以外なら0のダミー変数
研究・教育に対する関心	：「関心が低い」＝1から「関心が高い」＝4までの得点を配分
研究・教育に費やす時間の割合	：学期中の平均的な1週間に仕事をする時間を100と考えた場合の割合

ても有意傾向にある影響すら与えていないのである[10]。

このように、ボーダーフリー大学では、研究活動に対する期待だけ（すなわち、研究活動に対する支援を伴わない研究活動に対する期待）では、教員の研究・教育活動に有意な影響を与えられない可能性を示唆する結果が得られた。一方、（研究費による）研究活動に対する支援は、教員の研究・教育活動に有意な影響を与えてはいるが、その影響は望ましいものばかりではなく、特に社会科学系では教育活動（の取組状況）に有意な「負の」影響を与える可能性を示唆する結果が得られた。こうした結果は、研究費による教育活動に対する支援が充実しているほど、（研究活動の生

表7-8　研究・教育活動の規定要因に関する重回帰分析

	全体		社会科学系		理・工学系	
	研究活動の生産性	教育活動の取組状況	研究活動の生産性	教育活動の取組状況	研究活動の生産性	教育活動の取組状況
研究活動に対する期待	-0.037	0.031	-0.063	0.080	-0.058	0.029
研究活動に対する支援（研究費）	0.099 *	-0.095 *	0.107 †	-0.137 *	0.068	-0.069
大学以外から配分される研究費	0.195 ***	-0.054	0.421 ***	0.061	0.207 ***	-0.082
個人的属性						
年齢	-0.223 ***	0.041	-0.146 †	0.011	-0.211 *	0.087
最高学位	0.130 **	-0.033	0.089	0.049	0.071	-0.094
職階	0.169 ***	0.032	0.104	0.052	0.199 *	-0.003
実務家教員か否か	-0.005	0.054	-0.027	0.111 †	-0.042	-0.027
研究に対する関心	0.260 ***	0.154 ***	0.220 ***	0.149 *	0.305 ***	0.103
教育に対する関心	0.027	0.236 ***	0.055	0.276 ***	-0.004	0.176 **
研究に費やす時間の割合	0.114 **	-0.164 ***	0.018	-0.148 †	0.142 *	-0.192 *
教育に費やす時間の割合	-0.105 *	-0.098 *	-0.093	-0.055	-0.118 †	-0.076
調整済み R2	0.306	0.105	0.376	0.112	0.311	0.068
F 値	21.398 ***	6.451 ***	13.287 ***	3.638 ***	10.648 ***	2.564 **

注：値は標準化偏回帰係数。

産性は高くなるかもしれないがその一方で）教育活動の取組状況が悪くなることを示唆するものであり、社会科学系のボーダーフリー大学における研究活動に対する支援のあり方に再考を迫るものといえるだろう。

4　まとめと考察

本章では、研究重視の教員人事に象徴される、大学の研究に対する姿勢が、ボーダーフリー大学における教育の質保証という文脈において果たして望ましいのか、という問いを念頭に置きつつ、ボーダーフリー大学が当該大学教員の研究活動に対してどの程度期待し、支援しているのかについて確認したうえで、そうした期待・支援が彼らの研究・教育活動にどのような影響を与えているのかについて検討してきた。本章で得られた主要な知見は以下の通りである。

第一に、教育活動に対する社会的期待が非常に大きいボーダーフリー大学であっても、研究活動に対する期待と支援は決して小さなものではない可能性や、特に社会科学系のボーダーフリー大学では、研究活動に対する期待が大きいほど、研究費による研究活動に対する支援も充実している可能性を示唆する結果が得られた。

第二に、ボーダーフリー大学では、研究活動に対する期待だけでは、教員の研究・教育活動に有意な影響を与えられない可能性や、研究費による研究活動に対する支援は、教員の研究・教育活動に有意な影響を与えているが、その影響は望ましいものばかりではなく、特に社会科学系では教育活動に「負の」影響を与える可能性を示唆する結果が得られた。

特に第二の知見から、ボーダーフリー大学における研究活動に対する期待・支援のあり方についていえることは大きくふたつある。ひとつは、研究活動に対する支援を伴わない研究活動に対する期待など、何の意味もないということである。それが教育活動はおろか、研究活動にもなんら有意な影響を与えていないことは、前節の重回帰分析の結果からも明らかである。ボーダーフリー大学が当該大学教員に研究活動に対する期待をしたいというのであれば、その期待に見合った支援を行わなくては意味がないのである。第一の知見に示すように、特に社会科学系では研究活動に対する期待に見合った支援が行われているようにも見受けられるが、今後大学経営がますます厳しくなっていくなかで、研究活動に対する期待はそのままに、支援だけが目減りしていくことは十分考えられる。なお、この調査が10年前のものであることに鑑みれば、既に現時点でそうなっている可能性もあるだろう。

いまひとつは、研究活動に対する支援が、ボーダーフリー大学における教育の質保証を妨げる可能性があるということである。確かに、研究費による研究活動に対する支援は、研究活動に対する期待に見合った成果を上げるための投資としては一定程度機能しているのかもしれない。しかし、第二の知見に示すように、特に社会科学系においては、それが教育活動に有意な「負の」影響を与えていることを忘れてはならない。教育と研究の両立という大学教授職の理念に鑑みれば、大学及び大学教員にとっての研究の重要性は改めて確認するまでもないことである。しかし、ボーダーフリー大学及び当該大学教員の最優先事項が、教育と研究のどちらであるかということもまた、改めて確認するまでもないことである。ボーダーフリー大学は、その研究活動に対する支援のあり方が適切なものであるかどうか、教育の質保証という観点から改めて見直してみる必要があるだろう。

こうした知見をふまえたうえで、研究重視の教員人事に象徴される、大学の研究に対する姿勢が、ボーダーフリー大学における教育の質保証という文脈において果たして望ましいのか、という本章の問いに立ち返れば、特に社会科学系では「望ましくない」という答えが導けそうである。しかしだからといって、「ボーダーフリー大学（特に社会科学系）は当該大学教員に研究活動に対する期待・支援をすべきではない」と主張したいわけではない。というのも、葛城（2021b）で指摘しているように、ボーダーフリー大学における教育の質保証の実現という文脈において問題となるのは、研究に対する教員の関心の「高さ」ではなく、「偏り」であると考えられるからである[11]。すなわち、教員の関心が研究のほうに偏ってしまうことがないような研究活動に対する「適度」な期待・支援であれば、それが教育の質保証の実現を少なくとも妨げるようには機能しないのではなかろうか[12]。ただし、どこまでが「適度」でどこからが「過度」かの境目は極めて曖昧であり、自大学の置かれた状況を十分に理解したうえでの適切な判断が、ボーダーフリー大学には求められているといえるだろう。

注

[1] 教育業績に関する人事上の評価がほとんど行われていないというわけでは必ずしもない。先に第4章でみたように、ボーダーフリー大学でも「採用の際」、「任期更新／昇任人事の際」には、「教育活動」よりも「研究活動」を重視する大学のほうが多いのだが、「一定期間ごとの評価の際」には、「研究活動」よりも「教育活動」を重視する大学のほうが多い（第4章の表4-6参照）。しかし、「一定期間ご

との評価」の実態に迫った葛城（2020b）では、ボーダーフリー大学における現状の教員評価（一定期間ごとの評価）は、当該大学教員に教育活動への最低限の取組を促す動機づけとしては一定程度機能しているかもしれないが、教育活動へのより熱心な取組を促す動機づけとしてはあまり機能していない可能性を示唆する結果が明らかにされている。

[2] 本章の問いは、「教育と研究の関係性」という研究テーマに位置づくものである。この研究テーマ自体は、国内外を問わずこれまでに様々な論者によって様々な論点から論じられてきた、すべての「大学」に共通する歴史あるテーマである。しかし、遠藤（2005）の「マージナル大学（ボーダーフリー大学に相当する分類概念）においては、研究と教育との乖離が極限まで進んでしまっているということ。また、研究者であれば当然であるはずの学究志向が、マージナル大学においてはリスク要因＝諸刃の剣と化してしまう」（275頁、丸括弧内は筆者）という指摘に鑑みれば、両者の関係性に関わる問題が凝縮されて顕在化しているとも考えられるボーダーフリー大学に着目することは、この研究テーマに現代的な論点を提示するという意味において特に重要であるし、その意義も大きいと考える。

[3] 広島大学高等教育研究開発センターが2021年に行った『大学への資源配分と教育研究活動に関する教員調査』によれば、10年前と比べて個人研究費が「1～4割程度減少した」との回答は20.5%、「5割以上減少した」との回答は7.4%であった。なお、結果概要については当センターのホームページからアクセスできる。

[4] 学部系統が2系統しかないのは、サンプリングの段階でそれらの学部系統に対象を絞ったからである。

[5] 「若手層」のサンプルが比較的多いのは、第6章での分析を想定した関係で、「若手層」のサンプルが多くなるようにサンプリングしたからである。

[6] 各群のサンプルは、「学会等での発表」では、「7回以上」127名、「4～6回」151名、「3回以内」281名、「ない」185名、「学術書、学術雑誌に発表した論文」では、「7本以上」77名、「4～6本」148名、「3本以内」348名、「ない」173名、「学会誌相当のレフリー論文」では、「3本以上」121名、「2本」100名、「1本」188名、「ない」335名、「科学研究費の採択」では、「ある」185名、「ない」559名である。

[7] 各群のサンプルはそれぞれ、「FDプログラムへの参加など、FD活動に積極的に参加している」で171名、259名、400名、「FD活動で学んだことをできるだけ授業に還元している」で109名、292名、426名、「自身の研究活動の成果をできるだけ授業に還元している」で183名、335名、308名、「提出物にはコメントを付して返却するようにしている」で165名、256名、407名、「成績評価は評価基準に照らして厳密に行っている」で304名、346名、179名、「学生が学習習慣や学習レディネスを身につけられるよう工夫している」で158名、387名、284名、「学生が社会に出ても恥ずかしくない態度を身につけられるよう学生に

意識的に働きかけている」で311名、357名、161名である。

[8] 表7-3・4で示した各項目の選択肢に対して、生産性に応じて高い得点を配分し（例えば「学会等での発表」であれば、「ない」＝1、「3回以内」＝2、「4～6回」＝3、「7回以上」＝4の得点を配分）、主成分分析を行っている（分析結果の詳細は葛城2016を参照）。すなわち、主成分得点が高いほど、研究活動の生産性が高いことになる。なお、学部系統別の分析には、系統ごとに同様の手続きを行って得られた主成分得点を用いている。

[9] 表7-5・6で示した各項目の選択肢に対して、「あてはまらない」＝1から「あてはまる」＝5の得点を配分し、主成分分析を行っている（分析結果の詳細は葛城2016を参照）。2つの主成分が得られたが、教育活動の総合的な取組状況を表しているのは第一主成分であると考えられるため、分析には第一主成分のみを用いている。すなわち、その主成分得点が高いほど、教育活動の取組状況が良いということになる。なお、学部系統別の分析には、系統ごとに同様の手続きを行って得られた主成分得点を用いている。

[10] 「研究活動に対する支援（研究費）」が「研究活動の生産性」に与える影響のありようは、第2節第1項で示した結果（理・工学系では有意だが、社会科学系では有意ではない）とは逆になっていることには留意されたい。変数相互の影響力やその他の変数の影響力が考慮されたことで、こうした結果となったのである。

[11] 葛城（2021b）ではいくつかの先行研究の知見に基づき、そうした指摘をしている。例えば、葛城（2020c）は、第3・5章で用いた「教員調査」に基づき、ボーダーフリー大学教員の教育の質保証への取組状況が何によって規定されているのかを検討した結果、「研究偏重タイプ」の教員であることが、教育の質保証への取組状況に有意な負の影響を与えており、教員の関心が研究に大きく偏っていれば、教育の質保証への取組状況が悪くなることを明らかにしている。

[12] 本章の知見に照らしていえば、教員の関心が研究のほうに偏ってしまうような研究活動に対する「過度」な支援だからこそ、教育活動に「負の」影響を与えたのかもしれない。

第8章 学生は研究をどう捉えているか

前章では、研究重視の教員人事に象徴される、大学の研究に対する姿勢が、ボーダーフリー大学における教育の質保証という文脈において果たして望ましいのか、という問いを念頭に議論を進めてきた。ただ、前章での議論には決定的に欠けている点がある。すなわち、その議論が教育を提供する側で閉じてしまっており、教育を提供される側が考慮されていないという点である。教育の質保証を巡る議論である以上、教育を提供される側、すなわち、学生の視角は不可欠である。とはいえ、前章の問い自体が学生の視角からのアプローチを難しくしていた点は否めない。そこで、本章では上記の問いの本質にある、ボーダーフリー大学における「研究」は教育の質保証にどのような影響を与えるのか、という問いに対して学生の視角からのアプローチを試みたい。

学生の視角からアプローチしようとする際に留意しなければならないのは、ボーダーフリー大学生の持つ「研究」に対するイメージは、大学教員が一般的に想定している「学術研究」とは大きく異なるものである可能性である。そこで、宇田・葛城（2022）では、教育系学部に所属するボーダーフリー大学生を対象としたインタビュー調査によって、学生の持つ「研究」に対するイメージとはどのようなものであるのか、また、学生は当該大学の教員に「学術研究」は必要だと考えているのか、といった点についての試行的検討を行った。その結果、ボーダーフリー大学生のなかには、大学教員が一般的に想定している「学術研究」という意味合いで「研究」を捉えている者が多く存在する一方で、教育（授業）のための「教材研究」という意味合いで「研究」を捉えている者が少数ながらも存在する、という知見が得られた。また、ボーダーフリー大学生のなかには、「教員が学術研究を行うことで自らの学びが深まるから」等の理由で「学術研究」を必要だと考えている者が存在する一方で、「教員が学術研究を行っても学生に還元されることはないから」等の理由で「学術研究」を必要ではないと考えている者が存在する、という知見も得られた。

こうした知見は、それまでに同様のアプローチの研究が皆無であることに鑑みれば非常に興味深いものといえる。しかし、この調査の対象者は、先述のように教育系学部に所属する学生であることから、その知見の一般化には慎重でなくてはならない。例えば、上記の知見にあるように、「研究」を「教材研究」という意味合いで捉えている者が少数ながらも存在するのは、教育系学部では「教材研究」という考え方に触れる可能性が高いからこそなのかもしれない。こうした教育系学部の「専門性」はもとより、目的養成系の学部であることや、「学校文化」に親和的な学生が多いとされていることなど、教育系学部はほかの学部系統とは異なる点が少なくない。そのため、上記の知見はほかの学部系統での検証が必要であった。

そこで本章では、上記の知見の検証を、大学の大衆化の受け皿となっている社会科学系学部に所属するボーダーフリー大学生を対象としたインタビュー調査によって行う。さらに、その検証によって得られた知見の妥当性を、同じく社会科学系学部に所属するボーダーフリー大学生を主対象としたアンケート調査によって検証したいと考える。

使用するデータの概要

本章で使用するのは、社会科学系学部に所属する学生を対象としたインタビュー調査とアンケート調査である。インタビュー調査は、関西圏に所在する私立B大学（偏差値40前後[1]）の社会科学系学部に所属する学生を対象に実施した。なお、私立B大学は、社会科学系学部を擁する複合大学であり、学生数は2,000名弱の、いわゆる小規模大学である。

インタビュー調査は、2021年11月から2022年2月にかけて実施した[2]。具体的には、4年生10名に対し、大学入学前から現在に至るまでのライフヒストリーをたずねる形での半構造化インタビューをそれぞれ1時間半から2時間程度行った。調査対象者の選定は、まずB大学の教員に調査対象者を数名紹介いただき、その後、彼らから次の調査対象者を紹介してもらうという手続きを繰り返すスノーボール・サンプリングにて行った。

調査対象者の属性を示したのが表8-1である。なお、便宜上、「大学の成績」(自己申告)が高い順に並べている。質的調査にはサンプリングの代表性の問題がどうしてもつきまとうが、特に「大学の成績」が良好な者が多いことに鑑みれば、B大学では多数派であろう学習面での問題を抱える学生が実態よりもかなり少ないサンプリングとなっていることには留意しなければならない。また、「大学の成績」が相対的に低い学生(学生h・i・j)についても、関心のある科目については高い成績を取っている者もいることから、彼らは学習面での問題を抱える学生ではあれど、その問題の程度は必ずしも重いものではないことにも留意したいところである。

表8-1 インタビュー調査対象者の属性

調査対象者	性別	学年	学科系統	大学の成績	出身高校	高校の成績	入試形態
学生a	女性	4年生	ディシプリン系	Sがほとんど	進学校	中の上	AO入試
学生b	男性	4年生	ディシプリン系	A以上が多い	進学校	中の上	スポーツ推薦
学生c	女性	4年生	実学系	SとAが多い	進学校	中	一般入試
学生d	女性	4年生	実学系	Aがほとんど	総合高校	下	AO入試
学生e	男性	4年生	実学系	GPA 3超	進学校	下	一般入試
学生f	男性	4年生	ディシプリン系	Aが多い	通信制高校	–	一般入試
学生g	女性	4年生	実学系	AとBが多い	進学校	中	AO入試
学生h	男性	4年生	ディシプリン系	Bが多い	B大附属高校	下	AO入試
学生i	女性	4年生	実学系	BかC	通信制高校	–	指定校推薦
学生j	男性	4年生	ディシプリン系	悪い	B大附属高校	中の下	スポーツ推薦

一方、アンケート調査は、西日本（関西、中四国）に所在する5つの私立大学の社会科学系学部に所属する学生を対象に実施した。このうち本章では、ボーダーフリー大学に該当する私立C大学（偏差値40未満、定員充足率80%未満）と私立D大学（偏差値40未満、定員充足率80%以上100%未満）で得られたデータを使用する。なお、私立C大学は、社会科学系学部のみの単科大学であり、学生数は1,000名程度の、いわゆる小規模大学である。また、私立D大学は、社会科学系学部を擁する複合大学であり、学生数は3,500名程度の、いわゆる中規模大学である。

アンケート調査は、2022年11月から2023年3月にかけて実施した[3]。有効回答者数は、C大学84名、D大学115名の計199名である。なお、得られた知見がボーダーフリー大学生に特徴的なものであることを示すためには、その他の大学との比較が必要であるが、紙幅の関係上、本章では難しいため、別の機会に譲りたい。

学年別にその概要を示したのが表8-2である。合計でみると、2年生が大半を占めており、残る大部分を3年生が占めている。一方、4年生は非常に少ないうえ、D大学に大きく偏っている。このように、学年ごとのサンプルが十分とはいえないため、本章では2年生と3年生を合わせて分析を行う。すなわち、分析対象者は183名である。

表8-2　アンケート調査回答者の属性

	合計	C大学	D大学
1年生	0	0	0
	0.0%	0.0%	0.0%
2年生	117	48	69
	59.1%	57.8%	60.0%
3年生	66	33	33
	33.3%	39.8%	28.7%
4年生	15	2	13
	7.6%	2.4%	11.3%

注：上段は実数、下段は割合。

1 インタビュー調査による検証

1-1 「研究」に対する学生のイメージ

先述のように、宇田・葛城（2022）による教育系学部に所属する学生を対象とした調査では、ボーダーフリー大学生のなかには、大学教員が一般的に想定している「学術研究」という意味合いで「研究」を捉えている者が多く存在する一方で、「教材研究」という意味合いで「研究」を捉えている者が少数ながらも存在することが確認されている。社会科学系学部に所属する学生でははたしてどうだろうか。以下に示すのは、「研究」について自身の考えるイメージを言語化してもらった際の「語り」である。

学生 f：先生が今されていらっしゃるインタビュー調査だったり、そういったような、データをもとに先生ご自身の研究テーマとかを、研究されている内容とかを調査して突き詰めていくというのが研究なんじゃないかなというのは、そういうイメージはありますけど。

学生 g：実験して研究するみたいな。（中略）まだ解明されていないことを調べるみたいな感じです。

学生 b：新しい発見だったりとか、今までその知られてなかったようなことを探索するじゃないけど、そういうことだと、僕はちょっと認識しているっていうか。

これらの学生の語りからは、「データをもとに先生ご自身の研究テーマとかを、研究されている内容とかを調査して突き詰めていく」（学生 f）、「まだ解明されていないことを調べる」（学生 g）、「新しい発見だったりとか、今までその知られてなかったようなことを探索する」（学生 b）といったように、「研究」なるものがどのようなものであるのかが、彼らなりの言葉で表現されている。その表現に差はあれど、これらの学生は、「学術研究」という意味合いで「研究」を捉えているといってもよいだろう。しかし、次に示す「語り」からは、「学術研究」という意味合いで「研究」を捉えている者ばかりではないことがうかがえる。

学生 j：授業に対しての研究なのかなって勝手には思ってますけど。（中略）どうやったらわかりやすくみたいなのを研究しているのかなとかって勝手に思ってるんで。
学生 h：（「研究」という言葉から）そんな湧かないですね、イメージが。
学生 i：（「研究」という言葉からのイメージは）あんまりできないですね。

学生 j の「授業に対しての研究なのかな」、「どうやったらわかりやすくみたいなのを研究しているのかな」という「語り」からは、宇田・葛城（2022）でもみられたように、「研究」を「教材研究」のような意味合いで捉えていることがうかがえる。ただし、「教材研究」という意味合いで「研究」を捉えている者は、調査対象者のなかでは学生 j のみであった[4]。すなわち、「教材研究」という意味合いで「研究」を捉える者は教育系学部では少数ながら存在するとしても、ほかの学部系統では同様の傾向がみられない可能性は高いと考える。

ここで留意したいのは、学生 h、i の「（「研究」という言葉から）そんな湧かないですね、イメージが」（学生 h）、「（「研究」という言葉からのイメージは）あんまりできないですね」（学生 i）といった「語り」からうかがえるように、そもそも「研究」という言葉に対して何のイメージも持てない者が存在することである。この点に鑑みれば、「研究」を「学術研究」とは別の意味合い（例えば「教材研究」）で捉える者が少数ながらも存在するというよりは、「学術研究」のような意味合いで捉えることのできない者（学生 j も含まれる）が少数ながらも存在すると考えたほうがよいだろう。

さらに留意したいのは、学生 h、i、j は、調査対象者のなかでは大学の成績が低く、学習面での問題を多少なりとも抱える学生であるという点である。このことは、学習面での問題を抱える学生はそうでない学生に比べ、「研究」を「学術研究」のような意味合いでは捉えにくい可能性が高いことを示唆している。先述のように、この調査では、B大学では多数派であろう学習面での問題を抱える学生が実態よりもかなり少ないサンプリングとなっていることに鑑みれば、特に学習面での問題を抱える学生を中心に、「研究」を「学術研究」のような意味合いで捉えることのできない者は少数どころかむしろ多く存在する可能性すらある。なお、宇田・葛城（2022）では、こうした学習面での問題の多寡という観点からの検討はまったくなされていなかったことを付記しておく。

1-2 「学術研究」の必要性に対する学生の認識

それでは、社会科学系学部に所属する学生は、当該大学の教員に「学術研究」は必要だと考えているのだろうか。先述のように、宇田・葛城（2022）による教育系学部に所属する学生を対象とした調査では、「教員が学術研究を行うことで自らの学びが深まるから」等の理由で「学術研究」を必要だと考えている者が存在する一方で、「教員が学術研究を行っても学生に還元されることはないから」等の理由で「学術研究」を必要ではないと考えている者が存在することが確認されているが、はたして同様の結果は得られるのだろうか。以下に示すのは、当該大学の教員に「学術研究」は必要だと考えるかどうかたずねた際の「語り」である。なお、特に「研究」を「学術研究」のような意味合いで捉えていなかった者（学生h、i、j）に対しては、「学術研究」とはどのようなものなのかを説明したうえで、上記の問いを投げかけていることを付記しておく。まずは、当該大学の教員に「学術研究」は必要だと考える学生の「語り」からみてみよう。

学生ａ：やっぱり専門的なことまであんまり学べたなって思わなかったから、この大学の生活で。どうやって授業しようかなって、生徒がわかるように授業しようかなっていう感じがもうもろだったから。だから多分、その分、わかりやすいというのもあると思うんですけど。専門的なことがわかったかとか、私の頭に入ってるかとかはないから、これ（学術研究）も確かにしたほうがいいのかなと思いました。

学生ｂ：Ｂ大学で優れた（教員の）条件は、どうですかね、そういう研究的にもやっぱ熱心というか、研究し続けられてて、授業とかも、ただ単に自分の経験とかを話すのっていうか、自分が研究したことだけを話すのじゃなくて、現代の生徒のニーズに合わせたじゃないけど、かみ砕いたっていうか、わかって当たり前って思ってほしくないっていうか、わからないから学ぶっていう感じで思ってると思うんで、生徒も。（中略）頭が切れて、そういう研究とかいい評価されてる方でしょうけど、僕らからすると評価は低いかなっていうか、そういう方はやっぱ評価できないというか。それよりも自分で研究されてて、例えば、10知ってても８ぐらいを教えて、それで言葉をかみ砕いたりとか、ある程度、そういう体験を交えながら話される方のほうがやっぱ尊重される（評価が高いの意）のかなっては思います。

学生ａの「やっぱり専門的なことまであんまり学べたなって思わなかったから」、「専門的なことがわかったかとか、私の頭に入ってるかとかはないから」といった「語り」からは、学生ａはこれまで受けてきた授業に「専門性」が乏しいと感じているがゆえに、教員には「学術研究」の成果を教育へ還元することを通じてそれを担保してほしいと考えていることがうかがえる。また、学生ｂは学生ａと同様に、教員が「学術研究」の成果を教育へ還元することには肯定的であるのだが、それをただ行えばよいと考えているわけではない。すなわち、「自分が研究したことだけを話す」だけでは、「頭が切れて、そういう研究とかいい評価されてる方」であっても「僕らからすると評価は低」く、「10知ってても8ぐらいを教えて、それで言葉をかみ砕いたりとか」し「ながら話される方のほうがやっぱ尊重される（評価が高いの意）」というのである。いずれにしても、「学術研究」の成果を教育へ還元することが、自分の学びにとってプラスに働くと認識しているからこそ、「学術研究」が必要だと考えるということだろう。なお、こうした理由は、宇田・葛城（2022）でみられた「教員が学術研究を行うことで自らの学びが深まるから」という理由と同様の趣旨と考えられる。

一方、「学術研究」を特に必要だとは考えない学生の「語り」は以下に示す通りである。

学生d：別にしなくてもやっていけそうって思いますね。やっぱり専門的知識、大学に来たからこその専門的知識を教えてほしい人は、少なからず絶対いると思うし、あったほうが絶対的に授業もわかりやすくなっていいだろうなと思うんですけど。そもそも、みんな学ぼうとして大学に来ている子らじゃないと思うというか、単位さえ取れて就職さえできればいいと思っている子のほうが多いかなと思うんで、ボーダーフリーなだけあって、ほかの賢い大学とはやっぱり違うと思うから、別にせんくっても、ここやったらやっていけるんじゃないかなというのは感じます。

学生j：それは別に、まぁ好きにしてもらったら。でも、ただそれ（学術研究）をするからって、ほかのことをおろそかにするんではなくて、まぁそれ（学術研究）をするから授業がちょっと適当になってしまうとかいうのは絶対やめてほしい。

学生h：（「学術研究」が必要かどうか）俺、ようわかんないんですよね、それ。

学生ｉ：しなくてもいいんじゃないかなっていうのは思います。（中略）普通に大学の先生で生徒にものを教えるだけでも、大学の先生といえるから。

「学術研究」を特に必要だとは考えない学生の「語り」のなかで、その理由が端的に表現されているのが学生ｄの「語り」である。すなわち、「大学に来たからこその専門的知識を教えてほしい人は、少なからず絶対いると思うし、あったほうが絶対的に授業もわかりやすくなっていいだろうなと思う」と、学生ａや学生ｂと同様の肯定的な「語り」がまずはみられる。しかし、「そもそも、みんな学ぼうとして大学に来ている子らじゃないと思うというか、単位さえ取れて就職さえできればいいと思っている子のほうが多いかなと思うんで、ボーダーフリーなだけあって、ほかの賢い大学とはやっぱり違うと思うから、別にせんくっても、ここやったらやっていけるんじゃないかな」と、最終的には否定的な「語り」に傾いている。なお、学生ｄは、「別に大学に学びを求めていないような学生」は７割ほど存在していると認識しており、自身もそのなかに入っているのだという[5]。

こうした学生ｄの「語り」は、個々の学生が学習面での問題をどの程度抱えているかによって、当該大学の教員に「学術研究」が必要だと考えるかどうかについての認識が大きく異なる可能性を示唆している。つまりは、「学術研究」が必要だと考える先述の学生ａや学生ｂは、学習面では比較的優秀な学生であり、教員が「学術研究」の成果を教育へ還元することが、自分の学びにとってプラスに働くと認識しているからこそ、「学術研究」が必要だと考えるに至るのだろう。これに対して、Ｂ大学では多数派であろう学習面での問題を抱える学生は、「単位さえ取れて就職さえできればいい」と考えており、教員が「学術研究」の成果を教育へ還元しようがしまいが、自分の学びにとってプラスに働こうが働くまいが、基本的には無関心[6]だからこそ、「学術研究」が特に必要だとは考えないのだろう。そうした「学術研究」に対する彼らの無関心は、「まぁ好きにしてもらったら」（学生 j）、「俺、ようわかんないんですよね」（学生 h）といった「語り」から色濃くうかがえよう。宇田・葛城（2022）では、「教員が学術研究を行っても学生に還元されることはないから」等の理由で「学術研究」が必要だとは考えない学生の存在が指摘されているが、こうした「語り」に鑑みれば、特に学習面での問題を抱える学生については、そもそもそこまで考えが及んでいない可能性は低くはないだろう。

なお、くしくも学生 i の「しなくてもいいんじゃないかなっていうのは思います。（中略）普通に大学の先生で生徒にものを教えるだけでも、大学の先生といえるから」という「語り」からは、大学教員が高校までの教員と質的になんら変わるものではないと認識されていることがうかがえよう。すなわち、特に学習面での問題を抱える学生にとって、大学教員は「専門職としての大学教員」（第 5 章参照）ではなく、「（専門職とはいえない）単なる大学教員」と認識されているということなのだろう。

2 アンケート調査による検証：「研究」に対する学生のイメージ

前節のインタビュー調査からは、以下の知見が得られた。第一に、ボーダーフリー大学生のなかには、「研究」を「学術研究」のような意味合いで捉えることのできない者が少数ながらも存在することが確認された。ただし、そうした者は、特に学習面での問題を抱える学生を中心に少数どころかむしろ多く存在する可能性すらあることもあわせて指摘された。第二に、個々の学生が学習面での問題をどの程度抱えているかによって、当該大学の教員に「学術研究」が必要だと考えるかどうかについての認識が大きく異なる可能性を示唆する結果が確認された。すなわち、学習面で比較的優秀な学生は、教員が「学術研究」の成果を教育へ還元することが、自分の学びにとってプラスに働くと認識しているからこそ、「学術研究」が必要だと考えるのに対して、学習面での問題を抱える学生は、「単位さえ取れて就職さえできればいい」と考えており、教員が「学術研究」の成果を教育へ還元しようがしまいが、自分の学びにとってプラスに働こうが働くまいが、基本的には無関心だからこそ、「学術研究」が必要だとは考えないということである。

しかし、こうした知見は、限られた学生に対するインタビュー調査に基づくものであり、先述のような、「ボーダーフリー大学生のなかには、「研究」を「学術研究」のような意味合いで捉えることのできない者が、特に学習面での問題を抱える学生を中心に少数どころかむしろ多く存在する可能性」や「個々の学生が学習面での問題をどの程度抱えているかによって、当該大学の教員に「学術研究」が必要だと考えるかどうかについての認識が大きく異なる可能性」については、検討結果から導かれたものではあれど、推測の域を出るものではない。そこで、本節と次節では、ボーダーフリー大学生を主対象としたアンケート調査をもとに、こうした知見の妥当性の検証を行いたい。なお、先述のように、この調査は特に上級学年のサンプルが十分でないため、特に4年生のサンプルを十分に含んだ規模の大きな調査を行えば、また違った結果が得られる可能性があることには留意されたい。

まず本節では、「ボーダーフリー大学生のなかには、「研究」を「学術研究」のような意味合いで捉えることのできない者が、特に学習面での問題を抱える学生を中心に少数どころかむしろ多く存在する可能性」について検証してみよう。アンケート調査では、「教員の行う「研究」に対して、上記のようなイメージ（「これまで明らかにされてこなかったことを探究するようなもの」というイメージ[7]）をどの程度持っていましたか。」という問いに対し「持っていた」から「持っていなかった」までの4つの選択肢のなかから回答を求めている。その結果を、「学習面での問題を抱える学生」の代理指標としての「大学の成績」に基づく3群[8]間でのカイ二乗検定による検討結果もあわせて示したのが表8-3である。なお、特に3年生のサンプルが十分とはいえないこともあり、学年による統制は行えないのだが、2年生と3年生とで回答状況が有意には変わらないことは付記しておく。

表8-3 教員の行う「研究」に対して、「学術研究」のイメージを持っていたか

	全体	成績下位学生	成績中位学生	成績上位学生	
持っていた	10.8%	15.4%	6.6%	15.5%	
少し持っていた	35.1%	28.2%	36.3%	36.2%	
あまり持っていなかった	38.7%	35.9%	40.7%	36.2%	
持っていなかった	15.5%	20.5%	16.5%	12.1%	

注：*** は$p < 0.001$、** は$p < 0.01$、* は$p < 0.05$、† は$p < 0.1$。以下同様。

はじめに全体の値をみると、教員の行う「研究」に、いわゆる「学術研究」のイメージを「持っていなかった」者は2割には満たないものの、「あまり持っていなかった」者を合わせると半数以上に及んでいる（54.1%）。前節では、ボーダーフリー大学生のなかには、「研究」を「学術研究」のような意味合いで捉えることのできない者が少数ながらも存在すると指摘していたが、少数どころか半数以上は存在するということである。なお、こうした結果は2年生と3年生を分析対象としたものなので、参考までにサンプルの少ない4年生の結果もみてみると、ほぼ同様の傾向が確認できた。このことは、卒業研究を経た卒業間際の4年生でも状況が大きくは変わらない可能性を示唆している[9]。

それでは、「大学の成績」別の値をみてみよう。まず、「成績下位学生」群の値をみると、「持っていなかった」者は、3群のなかでもっとも多く2割を超えており、「あまり持っていなかった」者を合わせると半数を超えている（56.4%）。「成績中位学生」群の値もこれとおおむね同様である。一方、「成績上位学生」群の値をみると、「持っていなかった」者はその他2群よりは低いものの、「あまり持っていなかった」者を合わても半数に満たない（48.3%）。なお、「成績下位学生」群及び「成績中位学生」群との間にやや大きな差があるようにもみえるが、これら3群間に有意な差はみられない。

このように、ボーダーフリー大学生のなかには、「研究」を「学術研究」のような意味合いで捉えることのできない者が少数どころか半数以

上は存在している。また、そうした者は、特に学習面での問題を抱える者を中心に多いというわけではなく、その問題の有無（程度）にかかわらず多く、比較的優秀な者でも半数程度に及んでいる。

3 アンケート調査による検証：「学術研究」の必要性に対する学生の認識

3-1 「学術研究」の必要性の有無

次に本節では、「個々の学生が学習面での問題をどの程度抱えているかによって、当該大学の教員に「学術研究」が必要だと考えるかどうかについての認識が大きく異なる可能性」について検証してみよう。この調査では、「あなたが授業を受けるうえで、教員が研究（「学術研究」の意）活動を行っていることはどの程度必要だと思いますか。」（丸括弧内は筆者）という問いに対し「とても必要」から「まったく必要ではない」までの4つの選択肢のなかから回答を求めている。その結果を、前節と同様に「大学の成績」に基づく3群間でのカイ二乗検定による検討結果もあわせて示したのが表8-4である。なお、こちらについても、2年生と3年生とで回答状況が有意には変わらないことは付記しておく。

はじめに全体の値をみると、授業を受けるうえで、教員が学術研究活動を行っていることは「まったく必要ではない」との回答の割合は1割程度であり、「どちらかといえば必要ではない」との回答を合わせても3割程度（29.0%）に過ぎない。すなわち、ボーダーフリー大学生のなかには、当該大学の教員に「学術研究」がむしろ必要だと考える者が半数を大きく超えて存在しているということである。なお、こちらも参考までにサンプルの少ない4年生の結果もみてみると、同様の傾向がより顕著に確認できた。

それでは、「大学の成績」別の値をみてみよう。まず、「成績下位学生」群の値をみると、「まったく必要ではない」との回答の割合は1割程度であり、「どちらかといえば必要ではない」との回答を合わせても

表8-4　授業を受けるうえで、教員が（学術）研究活動を行っていることは必要か

	全体	成績下位学生	成績中位学生	成績上位学生	
とても必要	21.9%	27.0%	15.1%	26.8%	
どちらかといえば必要	49.2%	35.1%	55.8%	51.8%	
どちらかといえば必要ではない	18.6%	24.3%	17.4%	17.9%	
まったく必要ではない	10.4%	13.5%	11.6%	3.6%	

3分の1程度である（37.8%）。「成績中位学生」群の値もこれと大きくは変わらない。一方、「成績上位学生」群の値をみると、「まったく必要ではない」との回答の割合はその他2群より低く、「どちらかといえば必要ではない」との回答を合わせても2割程度に過ぎない（21.4%）。なお、「成績下位学生」群及び「成績中位学生」群との間に大きな差があるようにもみえるが、これら3群間に有意な差はみられない。

このように、ボーダーフリー大学生のなかには、当該大学の教員に「学術研究」がむしろ必要だと考える者が半数を大きく超えて存在している。また、そうした者は、特に学習面で優秀な者に多いというわけではなく、学習面での問題の有無（程度）にかかわらず多く、問題を抱える者（「成績下位学生」群）でも3分の2程度を占めている。

3-2　「学術研究」が必要だと考える理由

前項でみてきたように、当該大学の教員に「学術研究」が必要だと考えるか否か、そのレベルでの認識は、学習面での問題の有無（程度）にかかわらず、大きくは変わらないようである。しかし、そのように考える理由が、学習面での問題の有無（程度）によって大きく異なる可能性はありうる。すなわち、先に、学習面で比較的優秀な学生は、教員が「学術研究」の成果を教育へ還元することが、自分の学びにとってプラスに働くと認識しているからこそ、「学術研究」が必要だと考えるのだ

と指摘したが、そうした指摘が的を射たものであるのかどうかもさることながら、それ以外の学生はどのように考えているのだろうか。この調査では「(前項の問いで) そのように回答した理由について、できるだけ具体的に教えてください。」と自由記述で回答を求めているので、記述内容の傾向を紹介したい。

「とても必要」と「どちらかといえば必要」と回答した者の記述内容をみると、以下に示すように、「より専門的な知識と能力を身につけることができる」、「授業の内容が深くなり」、「分かりやすく」等、表現は多様であるものの、大胆に要約すれば、自分の学びにとってプラスに働くという趣旨のものが大半を占めていた。その点では先の指摘と同様であるが、学習面で比較的優秀な者だけがそのように認識しているわけではないという点で異なっている。ここで留意したいのは、「学術研究」の必要性というよりは、いわゆる「教材研究」の必要性というニュアンスがうかがえる記述が多いという点である。以下の記述でいえば、「成績中位学生」群、「成績下位学生」群でそれがうかがえるが、記述全体でみれば、学習面での問題の有無 (程度) によって大きな差はないようである。このことから、学習面での問題の有無 (程度) にかかわらず、多くの者は、「学術研究」によって専門性が担保されるかどうかはさておき、(「教材研究」のように) 理解しやすさが担保されるのを期待するからこそ、自分の学びにとってプラスに働くと認識しているのではないかと推察される。

- 授業内容を把握する上で研究活動の内容を通して理解力を高めることでより専門的な知識と能力を身につけることができるから。(「成績上位学生」群)
- その授業を実施する上で、教員は内容について理解し、学生に対して分かりやすく解説する必要があると思うから。(「成績中位学生」群)
- 教員の研究活動によって授業の内容が深くなり、また教員自身も

しっかりとその分野に関して理解でき、理解ある人からの説明がなされるとこちらも聴きやすいから。（「成績下位学生」群）

このように、ボーダーフリー大学生の多くが、当該大学の教員に「学術研究」が必要だと考えるのは総じて、自分の学びにとってプラスに働くと認識しているからであり、それは学習面で比較的優秀な者に限ったことではない。ただし、学習面での問題の有無（程度）にかかわらず、多くの者がそのように認識しているのは、「学術研究」によって専門性が担保されるかどうかはさておき、理解しやすさが担保されるのを期待するからだと考えられる。

4 まとめと考察

本章では、ボーダーフリー大学における「研究」は教育の質保証にどのような影響を与えるのか、という問いに対して、学生の視角からアプローチすべく、学生の持つ「研究」に対するイメージとはどのようなものであるのか、また、学生は当該大学の教員に「学術研究」は必要だと考えているのか、といった点についての検討を行った。具体的には、社会科学系学部に所属する学生を対象としたインタビュー調査によって先行研究の知見を検証するとともに、そこで得られた知見の妥当性を、同じく社会科学系学部に所属する学生を対象としたアンケート調査によって検証した。本章で得られた主要な知見は以下の通りである。

第一に、ボーダーフリー大学生のなかには、「研究」を「学術研究」のような意味合いで捉えることのできない者が少数どころか半数以上は存在している。また、そうした者は、特に学習面での問題を抱える者を中心に多いというわけではなく、その問題の有無（程度）にかかわらず多く、比較的優秀な者でも半数程度に及んでいる。

第二に、ボーダーフリー大学生のなかには、当該大学の教員に「学術研究」がむしろ必要だと考える者が半数を大きく超えて存在している。

また、そうした者は、特に学習面で優秀な者に多いというわけではなく、学習面での問題の有無（程度）にかかわらず多く、問題を抱える者（「成績下位学生」群）でも3分の2程度を占めている。

第三に、ボーダーフリー大学生の多くが、当該大学の教員に「学術研究」が必要だと考えるのは総じて、自分の学びにとってプラスに働くと認識しているからであり、それは学習面で比較的優秀な者に限ったことではない。ただし、学習面での問題の有無（程度）にかかわらず、多くの者がそのように認識しているのは、「学術研究」によって専門性が担保されるかどうかはさておき、理解しやすさが担保されるのを期待するからだと考えられる。

これらの知見のうちまず押さえておきたいのは第一の知見、すなわち、ボーダーフリー大学生のなかには、「研究」を「学術研究」のような意味合いで捉えることのできない者、すなわち、「研究」が何たるかがよくわかっていない者が、学習面での問題の有無（程度）にかかわらず多く、比較的優秀な者でも半数程度に及んでいるという知見である。彼らが「教育」と「（学術）研究」を主要な機能とする「大学」に身を置いていることを考えると、非常に由々しき事態といえよう。

それではなぜこのような事態が生じてしまうのだろうか。その答えはいたってシンプルである。すなわち、学生が「学術研究」に触れる機会が少ないからである。第2・3節で用いたアンケート調査では、「学術研究」の成果が教育に還元されていると感じた機会がどの程度あったかもたずねているのだが、その結果をみると、学習面での問題の有無にかかわらず、「まったく経験がない」あるいは「あまり経験がない」と回答する学生が半数を超えていた[10]。そうした機会が十分に担保されていないのだから、「研究」が何たるかがよくわかっていない者が多いというのも当然といえば当然だろう。ボーダーフリー大学教員が教育と研究の両立を果たす「専門職としての大学教員」であろうとするならば、こうした事態を打破すべく、「学術研究」の成果を教育へ還元することを通じてそれを果たすべきではあるまいか。なお、「学術研究」の成果には、自身による成果と専門分野における「新しい」成果の2つが想定されるが、筆者は前者である必要はまったくないというスタンスに立つ。

ここで留意したいのは、ボーダーフリー大学はその他の大学に比べ、「学術研究」の成果の教育への還元を困難なものとする要因が多いという点である。宇田・葛城（2023）は、ボーダーフリー大学教員を対象としたインタビュー調査からその要因として、「学生の学習面での課題に起因する要因」、「時間的制約に起因する要因」、「大学の組織風土に起因する要因」を抽出しているので、このうち特に「学生の学習面での課題」という観点から、当該大学教員が置かれている状況を説明しよう。これまで何度も述べてきたように、ボーダーフリー大学では学習面での問題を抱える学生を多く受け入れているが、特にそうした学生を授業にひきつけるのは非常に困難である。遠藤（2005）もその困難さを「講義はまさにプレゼンテーションの極意が試される」（275頁）と表現している。そうした学生をできるだけ授業にひきつけようと意識するほど、その内容は学生の「生活圏」に近く（近いからこそ関心が持てる）、理解しやすい話になりがちである。学生の「生活圏」からは遠く（遠いがゆえに関心を持てない）、難しくもある「学術研究」の話をしたところでどうせ聞いてもらえないだろうし、理解もできないだろうと、ボーダーフリー大学教員が考えてしまうのも無理はない。

しかし、第二の知見を思い返してほしい。すなわち、ボーダーフリー大学生のなかには、当該大学の教員に「学術研究」がむしろ必要だと考える者が、学習面での問題の有無（程度）にかかわらず多く、問題を抱える者でも3分の2程度を占めているという知見である。葛城（2023）では、第1節で用いたインタビュー調査の結果をもとに、「学習面で比較的優秀な学生（全員とは限らない）は「学術研究」の成果が教育へ還元されることを実は望んでいる」（68頁）と述べたのだが、それは比較的優秀な学生に限ったことではないのである。この知見は、「「学術研究」の話をしたところでどうせ聞いてもらえないだろう」というボーダーフリー大学教員の「思い込み」を改めることにつながるものといえよう。

ただ、第三の知見も思い返してほしい。すなわち、ボーダーフリー大学生の多くが、学習面での問題の有無（程度）にかかわらず、当該大学の教員に「学術研究」が必要だと考えるのは総じて、自分の学びにとってプラスに働くと認識しているからであるが、それは「学術研究」によって専門性が担保されるかどうかはさておき、（「教材研究」のように）理解しやすさが担保されるのを期待するからだとする知見である。こうした知見は、ボーダーフリー大学教員が「学術研究」の成果を教育へ還元する際には、たとえ学生の「生活圏」からは遠く、難しくもある「素材」であろうとも、できるだけ学生の「生活圏」に近づける形で関心を持たせたうえで、理解しやすくなるよう十分な「咀嚼」を強く意識しなければならないことを（改めて）教えてくれる。仮にそれを意識することなく、「学術研究」の成果を教育へ還元する機会をただ増やしたとしても、それを「消化」できない学生（特に学習面での問題を抱える学生）はそうした機会を否定的に捉えるだけだろう。

もちろん、「学術研究」の成果を上記のように工夫して還元するのはそう容易なことではないし、そもそもそうした工夫を凝らす時間を担保できないことが、「学術研究」の成果の教育への還元を困難なものとする一因にもなっている（宇田・葛城（2023）の「時間的制約に起因する要因」）。しかし、そう容易なことではないし、工夫を凝らす時間も担保できないからやらない、ということではなく、その機会をできる範囲で意識的に増やしていくことが重要である。理想的には、個々の教員がそれぞれ取り組むよりは、大学なり学部なりで目標を共有したうえで、組織的に取り組んだほうがその成果は格段に上がりやすくなるだろう。

注

[1] B大学は、調査時点では定員充足しているため、本書で定義するボーダーフリー大学に位置づく大学というわけではない。しかし、B大学生へのインタビューでは、「ボーダーフリーなだけあって」（第1節第2項の学生dの語り）のように、自大学をボーダーフリー大学、自身をボーダーフリー大学生と認識している語りが

散見されることから、B大学をボーダーフリー大学に相当する大学と位置づけることとした。

[2] この調査は、令和2～5年度科学研究費補助金基盤研究(B)「現代日本における「大学生の学習行動」に関する総合的研究」(研究代表者：濱中淳子)で実施したものである。

[3] この調査は、令和2～5年度科学研究費補助金基盤研究(C)「ユニバーサル化時代における学士課程教育の質保証のあり方に関する総合的研究」(研究代表者：葛城浩一)の研究分担者である宇田響(くらしき作陽大学)が実施した「大学生の学習意識・行動に関する調査」である。詳細は宇田(2023b)を参照されたい。

[4] 学生jは教職課程で学んでいたことがあり、そこで「教材研究」という考え方に触れていた可能性がある。なお、学生bと学生iも教職課程で学んでいるが、いずれも「教材研究」という意味合いで「研究」を捉えているわけではない。

[5] 学生dは「大学の成績」は相対的に高いものの(表8-1参照)、以下の「語り」からは、その成績がカンニングや教員に媚を売ることによって得られたものであることがわかる。

学生d：出席管理は、そこだけは厳しい。大変でした。でも、大講義とかはやっぱばれないので、最後の出席票だけ書けばOKみたいなのはありました。(中略)小テストは最初にするから、最初は出て、少人数とかじゃなければ、もはやカンニングをしてもばれなかったんで、位置によればばれなかったからカンニングするか、別にわからなかったらそのまま出して、出席とかだけ行って、「出席もやばいわ」と思った授業とかは、先生に媚び売りにいったみたいな。

[6] 「基本的には無関心」としたのは、学生jの「ただそれ(学術研究)をするからって、ほかのことをおろそかにするんではなくて、まぁそれ(学術研究)をするから授業がちょっと適当になってしまうとかいうのは絶対やめてほしい」との「語り」からもわかるように、単位取得の面で不利益が想定される局面では一定の関心を示すからである。

[7] この調査では、第2節以降で用いている問いの前に、「以下の質問における「研究」とは、「これまで明らかにされてこなかったことを探究するような研究」のことを指しています。そのうえで、以下の質問に回答してください。」と注意書きをしている。

[8] この調査では、「大学での学業成績は、学年でどれくらいの位置にあると思いますか。」という問いに対し「上のほう」から「下のほう」までの5つの選択肢のなかから回答を求めている。このうち、「上のほう」と「下のほう」はサンプルが十分とはいえないため、「上のほう」と「やや上のほう」を「成績上位学生」群、「真ん中あたり」を「成績中位学生」群、「やや下のほう」と「下のほう」を「成績下位学生」群として3群に分類した。

[9]　第1節で用いたインタビュー調査では、卒業研究への取り組みようが一般的な授業の課題への取り組みようと質的には変わらないことを語る学生がほとんどであった。すなわち、ボーダーフリー大学では、卒業研究が「学術研究」の意味合いを理解する契機となっていない可能性があるということである（次頁の補論参照）。

[10]　「教員がこれまでに研究してきた成果が、授業内容に活かされていると感じた経験は、どの程度ありましたか。」、「専門分野における「新しい」研究の成果が、授業内容に活かされていると感じた経験は、どの程度ありましたか。」といった問いに対し「多くの経験がある」から「まったく経験がない」までの4つの選択肢のなかから回答を求めている。「まったく経験がない」と「あまり経験がない」を合わせると、いずれも半数を超えていた（55.4%、56.2%）。なお、「大学の成績」の3群間に有意な差はみられなかった。

補論

卒業研究はどうなされているか

前章では、卒業研究への取り組みようが一般的な授業の課題への取り組みようと質的には変わらないことを語る学生がほとんどであったことから、ボーダーフリー大学では、卒業研究が「学術研究」の意味合いを理解する契機となっていない可能性があると指摘した。この補論では、「研究」を「学術研究」のような意味合いで捉えることができなかった学生h・i・jの3人の語りから、ボーダーフリー大学における卒業研究がどうなされているのか、その実態の一端に触れていただきたい。なお、インタビュー調査の対象校であるB大学社会科学系学部の卒業研究は、必修科目として位置づけられているが、そのスタイルはゼミによって大きく異なっているようである。

まず、学生iことミスズ（仮名）であるが、彼女は自身の設定したテーマについて論文にまとめるというオーソドックスなスタイルの卒業研究に取り組んでいる。そのリサーチクエスチョンは、スーパーにおける商品陳列がどのように異なるか、というものである。ミスズは卒業研究について以下のように語っている。

聞き手：この卒論を書くためにもいろいろなお店回ってってことは、そういう調べることはしてると思うんだけど、本を読んだりとか、論文読んだりとか、そういうふうなことはしてる？

ミスズ：してないですね。
聞き手：完全に調べたことをまとめあげるみたいな感じか。
ミスズ：はい。
聞き手：なるほど。（中略）卒論でこれ（ジェスチャーで高さを示している）ぐらいやっとけば卒論認めてもらえるやろうっていうレベルがあったときに、今、自分がエネルギーを落としているのはこれをぎりぎり超えるようなぐらいのエネルギーを落としてるか、もうそれをはるかに超えるこのぐらいエネルギーを出してますかといったら、どっち？
ミスズ：ぎりぎりです。

ミスズの卒業研究が依拠するのは、「現場」を回って足で稼いだ情報である。「（本を読んだりとか、論文読んだりとか、そういうふうなことは）してないですね」と断言していることからもわかるように、彼女の卒業研究は、先行研究をふまえるという「学術研究」の初歩の手続きはまったく踏んでおらず、手元のデータのみで紡がれるものである。しばしば卒業研究は「大学での学びの総決算」などと表現されることがあるが、そのレベルには遠く及ばず、「ちょっと重めの調べ学習」という表現のほうがしっくりこよう。ミスズが「研究」という言葉からのイメージを問われて「あんまりできないですね」と答えるのも無理はない。

次に、学生ｈことイクヤ（仮名）であるが、彼は自身の設定したテーマについて（論文ではなく）スライド（40枚程度）にまとめるというスタイルの卒業研究に取り組んでいる。そのリサーチクエスチョンは、DIY業界で売上上位の会社がほかの会社とどう違うのか、というものである。イクヤは卒業研究について以下のように語っている。

聞き手：それ（卒業研究）を書くにあたってさ、どういうふうに調べたりとかするわけ？
イクヤ：僕、参考文献を買いましたよ、DIYの。

聞き手：DIYの本を、じゃあ何冊か買って読む感じ？
イクヤ：1冊買って、ほかはネットで調べてみたいな。
聞き手：はぁはぁ。ほかの本は借りてきてとか、何冊か借りてきてとかっていうこともなく。1冊買って、あとはネットにある情報を組み合わせてというか。
イクヤ：はい。僕のやつは業界誌なんですよ。業界誌で、今度からこういうふうに戦略を組んでますよっていうのが、まぁ、4社取り上げてて。で、その4社の1社以外は全部それに書いてるんですよ。

イクヤの卒業研究が主に依拠するのは、ただ1冊の業界誌から得られる情報である（なお、購入した業界誌を「結構値段しますけど」と、3,500円「も」自腹を切ってまで取り組んでいることを誇らしげに語る姿が非常に印象的だった）。「1冊買って、ほかはネットで調べてみたいな」と語っていることからもわかるように、イクヤの卒業研究もまた、先行研究をふまえるという「学術研究」の初歩の手続きはまったく踏んでおらず、手元のデータのみで紡がれるものである。こちらも先のミスズと同様、「ちょっと重めの調べ学習」と呼んでも過言ではないだろう。イクヤが「研究」という言葉からのイメージを問われて「そんな湧かないですね、イメージが」と答えるのもやはり無理はない。

最後に、学生jことユキト（仮名）であるが、彼も先のミスズと同様、自身の設定したテーマについて論文（1万字以上）にまとめるというオーソドックスなスタイルの卒業研究に取り組んでいる。そのリサーチクエスチョンは、日本の経済に必要なものは何か、というものである。ユキトは卒業研究について以下のように語っている。

ユキト：（ゼミは）正直いって、楽な先生を取りたかったんですよ。「卒論も自由」みたいな。で、「協力してやっていい」みたいな先生がいて。（中略）それやったら楽やなと勝手に思って、で、取りたかったんですけど、まあ人気なんですよ。みんな楽やから取りにいくじゃないですか。まあ、どこの大学でもあると思いますけど。人気なんで落ちてしまって、で、どうしようってなったときに、唯一のその友達とかがいて、その子も多分第一志望落ちてて。それだったら一緒に取ろうよみたいな。残ってたのなかで、まあ、○○先生が一番いいんじゃないかみたいになって。

（中略）

ユキト：卒論なんか別に、「何しに出すん？」って感じですもん。それを調べたから、別に役立つわけでもないし。自分の頭のなかに入るだけとか。

聞き手：はぁはぁ。じゃあ、自分で学ぼうと思ってやってるような感じではなくて、ただ単にいろんなレベルである課題のなかのひとつみたいなことかな。

ユキト：ほんまに、別にやらないと卒業できないからやってるわけだから。

ユキトは、「自由」でしかも「協力してやっていい」（つまり複数人で取り組めるということ）、楽なスタイルの卒業研究を課すゼミを希望していた。しかし、「みんな楽やから取りにいく」ため「人気なんで落ちてしまって」、結果として残った選択肢のなかでは一番よさそうなゼミに辿り着いたわけである。そのゼミ教員から「本をどれか買って読んでください」と指導されたこともあり、ユキトは少なくとも1冊は学術書あるいはそれに近い一般書を読んでいるようである。すなわち、先行研究をふまえるという「学術研究」の初歩の手続きを踏んでいるという点において、先の2人とは異なるようにもみえる。しかし、そもそも楽をしたかったユキトにとって、卒論は「「何しに出すん？」って感じ」で、「やらないと卒業できないからやってる」ものに過ぎないため、必要以上のエネルギーを落としているようには見受けられない。結局のところ、ユキトの卒業研究が依拠するのは、ごく限られた文献（1冊の可能性が高い）から得られた情報であるという点においては、彼の卒業研究もまた先の2人と同様、「ちょっと重めの調べ学習」に過ぎないのである。彼が「研究」という言葉からのイメージを問われて「授業に対しての研究なのかな」と「学術研究」の意味合いで答えられないのも当然のことだろう。

以上みてきたように、彼らの語る卒業研究はいずれも「ちょっと重めの調べ学習」であり、その取り組みようは一般的な授業の課題への取り組みようと質的に変わるものではない。なぜそうなってしまうのかといえば、当然のことながら、学習面での問題を抱える学生にとって、先行研究等に基づく重層的な根拠に基づき論を展開することは、かなりハードルが高いからである。教員はそれがわかっているからこそそこまで求めることはなく、彼らができる範囲の（授業で課されるよりは）「ちょっと重めの調べ学習」でよしと考えるのだろう。この大学のように、卒業研究が必修科目として位置づけられていれば、卒業や就職の「足枷」とならないよう、なおのことそう考えざるを得ないのである。なお、学習面で比較的優秀な学生が卒業研究にどのように取り組んでいるのか、気になるところであろうが、そちらについては葛城（2024a）を参照されたい。

終章

ボーダーフリー大学はどうあるべきか

終章となる本章では、まず各章において明らかにされた知見を総括し、そのうえで、ボーダーフリー大学の今後のあり方について論じてみたい。

1 各章における知見の総括

第1部のテーマは「学習と教育」である。ボーダーフリー大学におけるその実態を読み解いていくうえでまずもって重要なのは、当該大学生に対する正確な理解である。そこで、学習面での問題を抱える学生を軸に、ボーダーフリー大学生とはどのような存在なのか、その実態に迫ったのが、第1章「学生とはどのような存在か」である。ここで確認されたのは、ボーダーフリー大学では小学校レベルの基礎学力を卒業生全員に身につけさせるのもそう容易ではないことや、学習面での著しい問題を抱える入学者の半数程度（中退を考慮するとそれ以上）はそれを克服できないまま卒業している可能性があることなどであった。こうした知見をふまえたうえで、学生の学習面での問題の克服こそが、ボーダーフリー大学の主たる教育目的として位置づけられるべきではないかと指摘した。

その克服のためにどういった取組を行うのが効果的なのか。その点について考える前に前提となる知識を頭に入れておくべく、学習面での問題を抱える学生が支配的だと教室はいかなる状態に陥るのか、授業中の逸脱行動に着目してその実態に迫ったのが、第2章「教室はいかなる状態に陥るか」である。ここで確認されたのは、ボーダーフリー大学では「疑似出席」や「ながら受講」のような非社会的逸脱行動が蔓延しており、「教員への反抗」という反社会的逸脱行動もみられることや、学生の学びの意欲は、たとえ他者に迷惑をかけたり、害を与えたりするわけではない「許される」逸脱行動であったとしても、それを許してしまう授業の雰囲気によって容易に崩れ去ることなどであった。こうした知見をふまえたうえで、ボーダーフリー大学では、学習環境の組織的整備が教育の実を上げるための前提として非常に重要であると指摘した。

その前提のもと、学生の学習面での問題の克服のためにどういった取組を行うのが効果的なのかについて考えるべく、どうすれば学習面での問題を抱える学生でも学習するようになるのか、という問いへのアプローチを通して、その学習・教育の実態に迫ったのが、第3章「学生はどうすれば学習するのか」である。ここで確認されたのは、学習面での問題を抱える学生でも学習するように促すための取組を行っている教員は決して少なくないことや、それにもかかわらずそうした取組が期待通りの成果につながりにくいのは、学習面での問題をはじめとするボーダーフリー大学に特徴的な事情も手伝って、当該取組の本質を捉えた、望ましい形での実践が妨げられるからであることなどであった。こうした知見をふまえたうえで、教員自身がそうした取組に意味を見出すことこそが、望ましい形での実践を可能な範囲で目指すことに繋がると指摘した。

さて、第3章の問いは、学生の「学習」の視角からみえてきた、いわばボトムアップ的な問いであることもあり、ボーダーフリー大学における学習・教育の実態の全体像を捉える視野としてはやや狭いものであった。その全体像をより広く捉えるためには、それとは異なる視角からより包括的な問いを立てる必要がある。そこで、大学の「教育」の視角から、高等教育における国際的なトレンドである「教育の質保証」をキーワードとした、いわばトップダウン的な問いを立て、その問いへのアプローチを通して、その教育の実態に迫ったのが、第4章「教育の質保証はどうすれば実現できるか」である。ここで確認された、ボーダーフリー大学において教育の質保証を実現するために有効な取組は、所属学部で学ぶうえで必要となる基礎学力や基礎的な教養・知識・技能等について、卒業時における明確で具体的な到達目標を設定し、それをより多くの教員間で共有すること、そしてそのうえで、特に学生の授業外学修を促進する機会を積極的に設けるような取組を行うよう教員に働きかけることであった。こうした知見をふまえたうえで、ボーダーフリー大学における教育の質保証の実現には、卒業時における明確で具体的な到達目標を、所属教員が行動を伴う認識レベルで共有することが重要であり、そのためには、大学側の本気の姿勢を所属教員に十分認識させなければならないと指摘した。

第2部のテーマは「教育と研究」である。第2部での議論のみならず、第1部での議論についての理解を深めるうえで非常に重要なのが、ボーダーフリー大学教員に対する正確な理解である。そこで、大学教授職に期待される主要な役割である「教育」と「研究」という二つの観点から、ボーダーフリー大学教員とはどのような特徴を持った存在なのか、その実態に迫ったのが、第5章「教員とはどのような存在か」である。ここで確認されたのは、ボーダーフリー大学教員と「中堅下位ランクの大学」教員の教育・研究に対する関心と活動のありようは基本的に大差なく、両者を分けるのは、研究に対する関心と活動が研究成果として実を結ぶか否かという点のみであることなどであった。こうした知見をふまえたうえで、両者に大差がない要因のひとつとして、ボーダーフリー大学の「大学」としてのアイデンティティが、そこに所属する教員の意識の変化を妨げている可能性を挙げ、そのアイデンティティを保ちうる「穏当な選択肢」があらゆる場面で採られることで、教員の「研究者」としてのアイデンティティが脅かされるところまでには至らないのではないかと指摘した。

その「穏当な選択肢」の典型が、ボーダーフリー大学で今なお続く、研究重視の教員人事である。そこで、ボーダーフリー大学における教員人事について理解すべく、大学の教育・研究に対する姿勢が対外的にも示される採用人事に着目し、その実態に迫ったのが、第6章「教員の採用人事はいかに行われるのか」である。ここで確認されたのは、大学の研究重視の姿勢を示す象徴ともいえる博士の学位の取り扱いや、教育重視の姿勢を示す象徴ともいえる模擬授業の有無は、ボーダーフリー大学の特徴を色濃く有する「非選抜型大学」群と「低選抜型大学」群とでは大差ないことなどであった。こうした知見をふまえたうえで、ボーダーフリー大学の採用人事において、「大学」としてのアイデンティティを保ちうる「穏当な選択肢」が採られることは、当該大学教員と「中堅下位ランクの大学」教員の教育・研究に対する関心と活動のありようを大差ないものにすることに一定程度寄与していると指摘した。

ここで問題となるのは、こうした研究重視の教員人事に象徴される、大学の研究に対する姿勢が、ボーダーフリー大学における教育の質保証という文脈において果たして望ましいのか、という点である。そこでそうした問いを念頭に置きつつ、両者の関係性の実態に迫ったのが、第7章「研究は教育の質保証に資するのか」である。ここで確認されたのは、ボーダーフリー大学では、研究活動に対する期待だけでは、教員の研究・教育活動に有意な影響を与えられないことや、研究費による研究活動に対する支援は、教員の研究・教育活動に有意な影響を与えてはいるが、その影響は望ましいものばかりでなく、特に社会科学系では教育活動に「負の」影響を与えることなどであった。こうした知見をふまえたうえで、教員の関心が研究のほうに偏ってしまうことがないような研究活動に対する「適度」な期待・支援であれば、それが教育の質保証の実現を少なくとも妨げるようには機能しないのではないかと指摘した。

さて、第7章での教育の質保証を巡る議論は、教育を提供する側で閉じてしまっており、教育を提供される側が考慮されていなかった。教育の質保証を巡る議論である以上、教育を提供される側、すなわち、学生の視角は不可欠である。とはいえ、前章の問い（大学の研究に対する姿勢が、ボーダーフリー大学における教育の質保証という文脈において果たして望ましいのか）自体が学生の視角からのアプローチを難しくしていた点は否めないため、その問いの本質にある（だからこそ、前章のタイトルでもある）、ボーダーフリー大学における「研究」は教育の質保証に資するのか、という問いに対して学生の視角からのアプローチを試みたのが、第8章「学生は研究をどう捉えているか」である。ここで確認されたのは、社会科学系のボーダーフリー大学生のなかには、「研究」を「学術研究」のような意味合いで捉えることのできない者、すなわち、「研究」が何たるかがよくわかっていない者が、学習面での問題の有無（程度）にかかわらず多いことや、当該大学の教員に「学術研究」が必要だと多くの学生が考えるのは総じて、自分の学びにとってプラスに働くと認識しているからであるが、それは「学術研究」によって専門性が担保されるかどうかはさておき、理解しやすさが担保されるのを期待するからだということなどであった。こうした知見をふまえたうえで、ボーダーフリー大学教員が「学術研究」の成果を教育へ還元する際には、学生が理解しやすくなるよう十分な「咀嚼」を強く意識することや、その機会をできる範囲で意識的に増やしていくことが重要であると指摘した。

2 ボーダーフリー大学のあり方を考えるための論点

上記の知見をふまえたうえで、本書の最後に、ボーダーフリー大学が今後どうあるべきか、いくつかの論点から論じてみたい。

2-1 学習面での問題の克服を主たる教育目的とする

まず大前提として、ボーダーフリー大学は学習面での問題を抱える学生を多く受け入れている以上、その問題の克服を主たる教育目的として位置づけるべきであり、その教育目的のもとで、当該大学はその所属教員とともに教育を尽くすべきである。第1章でみてきたように、ボーダーフリー大学生のなかには所属学部で学ぶうえで必要となる基礎学力が著しく欠如している学生が2割程度も存在しており（第1章の表1-3参照）、小学校レベルの基礎学力すら身についていない学生も少なくない。また、それを身につけさせるために必要となる学習習慣や学習レディネスが著しく欠如している学生も同程度存在しており（同上）、そのなかには試験勉強を行う習慣すら身についていない学生も少なくない。こうした学習面での問題を卒業時までに克服させるのはただでさえ非常に困難であるし、そうした学生のなかには障害等の理由が疑われる者も存在するのだからなおのこと困難であろう。

その困難さに拍車をかけるのは、それを克服しようという当の学生自身の意識のなさである。ボーダーフリー大学生の多くが大学に望むのは結局のところ「大卒」という学歴とそれに見合った就職（正確には「高卒」のままでは得られなかった就職先や雇用条件）であり、学びに要するコストは少ないに越したことはないと考える者は実際かなり多いだろう。第8章で学生dが語るように、「そもそも、みんな学ぼうとして大学に来ている子らじゃな」く「単位さえ取れて就職さえできればいいと思っている子のほうが多い」（第1節第2項参照）のである。そうしたニーズは、当の学生だけでなくその保護者にも共有されている可能性すらある。学生のことを思って教育を尽くそうとしても、当の彼らは「余計なお世話」と考えかねないのである。

このように、ボーダーフリー大学において、学生の学習面での問題の克服が非常に困難な課題であることは間違いない。しかしだからといって、それに真正面から立ち向かうことなく、おざなりに対応しているようでは、「まっとうな企業」（居神 2014、29頁）に雇用されるのに必要となる「大卒の労働市場において要求される最低水準の基礎学力」（同上）を身につけさせるのはもちろんのこと、その後の人生において「学び直し」や「リスキリング」をするために必要となる学習習慣や学習レディネスを身につけさせることも望めない。ボーダーフリー大学はいわば「最後の砦」としての自覚のもと、その非常に困難な課題に真正面から総力を挙げて立ち向かわなければなるまい。そのための教育機能にこそ、ボーダーフリー大学の存在意義があるといっても過言ではない。なお、

「大学」には教育機能のほかにも、研究機能や社会貢献機能があるが、ボーダーフリー大学におけるそれらはあくまで副次的な機能であり、上記の文脈において教育機能を満足に果たせない当該大学が、それらを理由にその存在意義を示そうとするのは本末転倒以外の何物でもない。

2-2 経営サイドの認識を改める

実際のところ、学生の学習面での問題を克服すべく、ボーダーフリー大学はその所属教員とともに教育を尽くしているといえるのか。「教育の質保証」という言葉を手掛かりにその答えを導くとすれば、それは期待に沿うものとはいえない。なぜなら、第4章でみてきたように、教育の質保証に「積極的に取り組んでいる」というボーダーフリー大学は2割程度に過ぎず、「どちらかといえば積極的に取り組んでいる」を合わせても8割には及ばないからである（第4章の表4-2参照）。なお、この調査でいう「教育の質保証」とは、「学習成果として定めた知識の理解度や技能の習得度を、一定以上確保すること」を意味するものであり、「学生の学習面での問題の克服」と同義ではない。しかし、ここでいう「教育の質保証」の目指す先に「学生の学習面での問題の克服」があると考えるならば、「学生の学習面での問題の克服」へのボーダーフリー大学の取組状況は良くてこの程度ということになろう。大学の取組状況がその程度なのだから、その所属教員の取組状況が同程度（ただし、教員の意識のほうが1割程度高い）になるのも無理はない（第5章の表5-5参照）。

それではなぜボーダーフリー大学は、学生の学習面での問題を克服すべく教育を尽くすことができないのか。その理由にはいくつか考えられる。そのひとつが、やりたくてもできないため、というものである。実際、「教育の質保証に積極的に取り組まなければならない」という意見に「賛成」するボーダーフリー大学は3分の2程度にのぼり[1]、「どちらかといえば賛成」を合わせると9割台後半にまで及んでいる（第4章の表4-1参照）。先に示した実際の取組状況に比べるとかなり高い値であることに鑑みれば、せっかくのやる気を削ぐ要因が何かしらあると考えるのが自然だろう。

その要因についての手掛かりを示してくれるのが、宇田（2019）の知見である。宇田は、「学部長調査」における教育の質保証の実現の妨げになっていることについての自由記述欄のデータをもとに、その実現を阻害する可能性のある要因を試行的に整理している。その結果、学生側に起因する要因として「学習面での問題を抱えている学生の存在」、「学生の学習面での多様性」、教員側に起因する要因として「教員間の認識の隔たりの大きさ」、「一部教員の質保証の必要性に対する認識不足」、「明確で具体的な到達目標の未設定」、大学側に起因する要因として「人件費の削減による教員数の不足」、「多忙化による教育活動に対する時間的制約」、「経営陣の質保証の必要性に対する認識不足」を抽出している。

これらのうち、学生側に起因する要因と教員側に起因する要因については、困難ではあってもまだ対処のしようがある。しかし、大学側に起因する要因のうち、特に「経営陣の質保証の必要性に対する認識不足」という要因は極めて厄介である。なぜなら、教学サイドでは教育の質保証に積極的に取り組まなければならないと考えていても、その必要性すら十分に認識していない経営サイドによってせっかくのやる気に水を差されてしまうからである[2]。すなわち、経営サイドが、（多くの）学生や保護者が持つ「「大卒」という学歴とそれに見合った就職」というニーズを満たすべく（ひいては同様のニーズを持つ「顧客」を呼び込むべく）、卒業や就職を最大関心事、最優先事項とする方針を採るために、教育（の質保証）が蔑ろにされるのである。その典型が、ボーダーフリー大学に蔓延る（卒業や就職の「足枷」とならない）「履修主義」に基づく成績評価である（第3章参照）。

このように、こうした「経営陣の質保証の必要性に対する認識不足」は、現場での教育のありように直接的にネガティブな影響を及ぼすだけでなく、大学側に起因する別の要因である「人件費の削減による教員数の不足」や「多忙化による教育活動に対する時間的制約」に拍車をかけることで、間接的にもネガティブな影響を及ぼすと考えられる。経営状況を立て直すべく「金儲け」[3]に走りたくなる経営サイドの気持ちもわからなくはないが、教育の質保証に積極的に取り組もうとしないボーダーフリー大学が生き永らえたところで、社会的にはなんの存在意義もないことは明白である。「大卒」という肩書だけ付与するという意味では、ディプロマミルの誹りも免れないだろう。

2-3 「大学」としてのアイデンティティを再考する

ボーダーフリー大学が学生の学習面での問題を克服すべく教育を尽くすことができないまた別の理由として、上記のようなアンケート調査ではみえてこないのが、「大学」としてのアイデンティティ（プライドといってもよい）が邪魔するため、というものである。先の理由は経営サイドに由来するものであったが、こちらの理由は（どちらかといえば）教学サイドに由来するものといえよう。

先述のように、多くのボーダーフリー大学が「教育の質保証に積極的に取り組まなければならない」と（本気で）考えているのであれば、「非大学型高等教育機関」のように「研究」を（事実上）前提とせず「教育」に特化した形でシフトしていくことは選択肢としてはありえる。しかし、第4章で示したように、「教育の質保証を実現するためには、教員の研究にかけるエフォートはできる限り小さくすべきである」という考えに肯定的なボーダーフリー大学は3割程度に留まっている（第4章の表4-1参照）。この結果からもうかがえるように、そうした選択肢は現実的には採りづらいようである。それはなぜかといえば、ボーダーフリー大学が「教育」と「研究」を主要な機能とする「大学」であろうとするからである。そのため、現実的に採られるのは、「大学」としてのアイデンティティを保ちうる「穏当な選択肢」である。ボーダーフリー大学で今なお続く、研究重視の教員人事はその典型である。

例えば、第6章でみてきた、採用人事ひとつとってみても、それは、ボーダーフリー大学教員の教育・研究に対する関心と活動のありようを、「中堅下位ランクの大学」教員のそれと大差ないものにすることに一定程度寄与しているようである。こうした知見は、研究重視の教員人事をはじめとする「穏当な選択肢」を採ることの積み重ねによって、ボーダーフリー大学教員の意識が「中堅下位ランクの大学」教員の意識から抜け出せないことを示唆している。ボーダーフリー大学が受け入れる学生と「中堅下位ランクの大学」が受け入れる学生は、エリート大学や中堅上位ランクの大学からみれば、似たり寄ったりにみえるかもしれないが、第1章でも確認したように、そこには大きな差異がある。その差異に対応するためには、ボーダーフリー大学教員には学生の学習面での問題を克服すべく教育を尽くすことへのより高い意識（覚悟といってもよい）が求められてしかるべきではあるまいか。しかしそうした意識の変化を妨げているのは、「研究者」としてのアイデンティティを深く刷り込まれている教員自身のみならず、同じく「研究者」としてのアイデンティティを深く刷り込まれている教学サイドの上層部に立つ者なのである。

第4章では、ボーダーフリー大学における教育の質保証の実現には、卒業時における明確で具体的な到達目標を、所属教員が行動を伴う認識レベルで共有することが重要であり、そのためには、大学側の本気の姿勢を所属教員に十分認識させなければならないと指摘した（第3章でも同様の趣旨の指摘をしている）。「大学」としてのアイデンティティを保ちうる「穏当な選択肢」を採ることは、「学生の学習面での問題の克服」をなんとしてでも実現しようという大学側の本気の姿勢を、所属教員に伝わりにくくさせるように作用する可能性があることを忘れてはならない。

2-4 大学の種別化・機能分化を考える

ここまで述べてきたように、「非大学型高等教育機関」のように（事実上）「研究」を前提とせず「教育」に特化した形でシフトしていくという選択肢を、ボーダーフリー大学が自ら選び採ることは、「大学」としてのアイデンティティが邪魔することを考えるとどうも難しそうである。仮にそうした選択肢を採ることが、ボーダーフリー大学における教育の質保証を実現するうえで「正しい選択」なのだという前提に立てば、自ら選び採ることができない以上、強制的に選び採らせるしか道はあるまい。すなわち、ボーダーフリー大学を「教育」と「研究」を主要な機能とする「大学」とは別種の（教育）機関として位置づけようということである。暴論のように聞こえるかもしれないが、こうした問題提起はボーダーフリー大学研究のなかで既に行われて久しい。すなわち、ボーダーフリー大学がもはや旧来の「大学」というひとつの概念枠組みでは捉えきれない状況に陥っているにもかかわらず、それを維持していることが当該大学における教育の質保証の妨げになっているとして、大学の種別化・機能分化に対する問題提起がなされてきたのである。

例えば、居神（2013b）は、2005年の中教審答申「我が国の高等教育の将来像」で示された機能別分化論[4]に対して、「この国の「高等教育」の課題（中略）をまったく認識していないばかりか、「大学とは何か」という本質的な問いかけをますます分かりにくくさせている」（100頁）と批判しており、「もっとドラスティックな「種別化・機能分化」の議論を進めるべきである」（居神 2013a、43頁）と問題提起している。また、より踏み込んだ問題提起をしているのが遠藤（2005）である。遠藤は、「学生に提供すべき知識の体系も、求められる教員の資質も、研究と教育との関連性も、エリート高等教育とはまったく異なる」、「「ノンエリートのための高等教育」という概念とカテゴリーを明確に打ち立てることを強く望む」（285頁）として、「必要なら学校教育法を改正し、「二種大学」とでもいうべきカテゴリーを設ければよい」（286頁）と問題提起している[5]。なお、これらはボーダーフリー大学における教育の質保証という文脈に沿った良識ある問題提起であり、しばしば聞かれる「ボーダーフリー大学不要論・淘汰論」の文脈にある（腐ったミカンを切り捨てるような）短絡的な問題提起とは質的に大きく異なるものであることを断言しておきたい。

ここで留意したいのは、2017年の学校教育法の改正によって「大学」とは別種の機関である「専門職大学」が誕生したという点である。この「専門職大学」への移行は基本的に専門学校が想定されており、既存の「大学」の再編が行われなかったことに鑑みれば、これが居神や遠藤のいう「種別化・機能分化」の文脈に沿うものでないのは明らかである。ただ、半世紀以上の長きにわたり変化のなかった大学制度のなかに、既存の「大学」とは異なる概念とカテゴリーを明確に打ち立てた意味は大きい。すなわち、こうした前例に鑑みれば、居神や遠藤のいう「種別化・機能分化」はまんざら夢物語に終わる話ではないということである。

なお、第4・5章でも示したように、「教育の質保証を実現するためには、大学の種別化・機能分化を行うべきである」という考えに肯定的なボーダーフリー大学や教員は3割程度に過ぎない（第4章の表4-1、第5章の表5-4参照）。これは、ボーダーフリー大学の当事者が、「大学の種別化・機能分化は教育の質保証を実現するための方策として有効でない」という判断をしているからというよりは、それによって「既得権益」を失いかねないという判断をしているからではないかと考えられる[6]。

2-5 「研究」成果を「教育」へ還元する

前項で述べてきたのは、「非大学型高等教育機関」のように（事実上）「研究」を前提とせず「教育」に特化した形でシフトしていくという選択肢を採ることが、ボーダーフリー大学における教育の質保証を実現するうえで「正しい選択」なのだという前提に立った場合の話である。その一方で、そうした選択肢を採らないこと、すなわち、「教育」と「研究」を主要な機能とする「大学」として、教育だけでなく研究も重視するという選択肢を採ることが、ボーダーフリー大学における教育の質保証を実現するうえで「正しい選択」なのだと考える者も、特に「大学」あるいは「研究者」としてのアイデンティティにこだわる者を中心に少なくないだろう。そこで最後に、それが「正しい選択」だとする前提に立った場合の話をすることにしたい。

先に述べたように、ボーダーフリー大学の存在意義は教育機能にあり、研究機能はあくまで副次的な機能に過ぎない。換言すれば、ボーダーフリー大学における研究は、教育に還元されてこそはじめて意味を持ち得るといえる。しかし、第8章でみてきたように、特に社会科学系のボーダーフリー大学生のなかには、「教育」と「研究」を主要な機能とする「大学」に身を置いているにもかかわらず、「研究」が何たるかがよくわかっていない者が少なくない。こうした由々しき事態が生じてしまうのは、単純な話、学生が「研究」に触れる機会が少ないからである。つまりは、ボーダーフリー大学における研究は教育に（ほとんど）還元されていないということである。「大学」あるいは「研究者」としてのアイデンティティにこだわるのであれば、学習面での問題を抱える学生を含むすべてのボーダーフリー大学生が、「研究」が何たるかを（それなりにでも）理解し、（少しでも）関心を持てるようにして卒業させるべきではあるまいか（「研究」への関心でなくとも「学び」への関心が担保されるのであればそれでも構わない）。特に自然科学系では実験があるため前者については比較的容易であろうが、それがない学部系統では前者すら容易なことではないだろう。しかし、それができない限りにおいては、「研究」を主要な機能としない「非大学型高等教育機関」と何が違うのか、また、主な職務として「研究」が求められない実務家教員や教育専従教員と何が違うのか、その存在意義が問われることにもなりかねないのである。

これまでの議論を整理しよう。ボーダーフリー大学が「研究」を前提とせず「教育」に特化した形でシフトしていくという選択肢を採ろうが、「教育」と「研究」を主要な機能とする「大学」として教育だけでなく研究も重視するという選択肢を採ろうが、学習面での問題を抱える学生を多く受け入れている以上、その問題の克服を主たる教育目的として位置づけるべきであり、その教育目的のもとで、当該大学はその所属教員とともに教育を尽くすべきであるという点にまったく違いはない。ただ大きく違うのは、後者の選択肢を採る場合には、学習面での問題の克服に加え、「研究」の成果を教育へ還元することを通じて、「研究」が何たるかを（それなりにでも）理解し、（少しでも）関心を持てるようにして卒業させるというミッションが加わるということである。第8章でも述べたように、ボーダーフリー大学における「研究」の成果の教育への還元が容易でないことを考えると、後者の選択肢を採るのは茨の道かも知れない。しかしその道を選ぶ以上は、「大学」あるいは「専門職としての大学教員」のプライドにかけて、それらの非常に困難な課題に真正面から総力を挙げて挑んでいただきたいものである。

注

[1] 「重度BF大学」群で66.2%、「軽度BF大学」群で71.4%である。

[2] 「教員調査」における同様のデータをもとに、教育の質保証の実現を阻害する可能性のある要因を整理した宇田・葛城（2020）でも、表現こそ違えど同義である「経営陣の認識に起因する要因」が抽出されている。

[3] 「教員調査」の自由記述で得た表現を用いている。実際の記述は以下の通りである。
- 教育活動に熱心に取り組んでも、それを阻害する力が働らく（原文ママ）。上層部は何ら理念を持たない。金儲けしか頭にない。（定員充足率50%以上80%未満、偏差値35、保健系）

[4] この答申では以下の7つの機能が示されている。すなわち、①世界的研究・教育拠点、②高度専門職業人養成、③幅広い職業人養成、④総合的教養教育、⑤特定の専門的分野（芸術、体育等）の教育・研究、⑥地域の生涯学習機会の拠点、⑦社会貢献機能（地域貢献、産学官連携、国際交流等）、である。この答申では、「各々の大学は、自らの選択に基づき、これらの機能のすべてではなく一部分のみを保有するのが通例であり、複数の機能を併有する場合も比重の置き方は異なるし、時宜に応じて可変的でもある」とし、「各大学は、固定的な「種別化」ではなく、保有する幾つかの機能の間の比重の置き方の違い（＝大学の選択に基づく個性・特色の表れ）に基づいて、緩やかに機能別に分化していくものと考えられる」と言及されている。

[5] 遠藤（2005）は、「これを差別だなどと考える方が、どのみちそれに相当する教育を受けねばならない学生たちをバカにしている」（286頁）とまで言及している。

[6] それを支持する知見を示しているのが葛城（2017）である。葛城は、第7章で用いた教員調査に基づき、現在の大学教員生活に葛藤を抱えていない者ほど、大学

の種別化・機能分化に対して肯定的な意識を有していないことを明らかにしたうえで、それは、大学の種別化・機能分化が「教育の比重のさらなる増加」に留まらず、現在の（比較的）葛藤の少ない大学教員生活を一変させるものとして捉えられているからではないかと指摘している。

参考文献

有本章（2011）「はしがき」有本章編『変貌する世界の大学教授職』玉川大学出版部、1-3頁。
居神浩（2013a）「ユニバーサル型大学における学士課程教育―ノンエリート・キャリアを展望して」大学教育学会編『大学教育学会誌』第35巻第1号、39-44頁。
居神浩（2013b）「マージナル大学における教学改革の可能性」濱中淳子（代表）『大衆化する大学―学生の多様化をどうみるか』岩波書店、75-103頁。
居神浩（2014）「この国の高等教育政策の課題」三宅義和・居神浩・遠藤竜馬ほか、後掲書、27-49頁。
居神浩編（2015）『ノンエリートのためのキャリア教育論―適応と抵抗そして承認と参加』法律文化社。
居神浩・三宅義和・遠藤竜馬ほか（2005）『大卒フリーター問題を考える』ミネルヴァ書房。
宇田響（2019）「教育の質保証の実現を阻害する要因についての検討―自由記述に基づく試行的分析」葛城浩一編、後掲書、46-54頁。
宇田響（2023a）「ボーダーフリー大学生に学習習慣を身につけさせるのがなぜ困難なのか―私立Ｚ大学における教育系学部を事例として」中国四国教育学会編『教育学研究ジャーナル』第28号、63-72頁。
宇田響（2023b）「社会科学系学部に所属する学生の学習意識・行動―ボーダーフリー大学生に着目して」『大学教育学会第45回大会発表要旨集録』146-147頁。
宇田響・葛城浩一（2020）「教育の質保証の実現を阻害する要因についての自由記述に基づく検討」葛城浩一編、後掲書、15-29頁。
宇田響・葛城浩一（2022）「学生は教員の「研究」をどのように捉えているのか」兵庫大学・兵庫大学短期大学部高等教育研究センター編『兵庫高等教育研究』第6号、165-178頁。
宇田響・葛城浩一（2023）「「学術研究」の「教育」への還元がなぜ困難なのか―教員へのインタビュー調査による試行的検討」兵庫大学・兵庫大学短期大学部高等教育研

究センター編『兵庫高等教育研究』第7号、135-148頁。
遠藤竜馬（2005）「マージナル大学のソフト・ランディングは可能か―ノンエリート高等教育への提言」居神浩・三宅義和・遠藤竜馬ほか、前掲書、267-295頁。
遠藤竜馬（2006）「変容する達成主義社会のなかの非選抜型大学―予備的考察と現状分析」神戸国際大学経済文化研究所編『経済文化研究所年報』第15号、1-21頁。
遠藤竜馬（2014）「低選抜型大学淘汰論への批判」三宅義和・居神浩・遠藤竜馬ほか、後掲書、51-72頁。
遠藤竜馬・三宅義和（2004）「限界大学における教学上の問題の考察（2）―数量化3類による学生集団のタイプ分類からの検討」神戸国際大学学術研究会編『神戸国際大学紀要』第67号、33-47頁。
岡部恒治・戸瀬信之・西村和雄編（1999）『分数ができない大学生―21世紀の日本が危ない』東洋経済新報社。
小川洋（2016）『消えゆく「限界大学」―私立大学定員割れの構造』白水社。
甲斐さやか（2004）「受ければ受かる「Fランク」大学激減なぜ？」『週刊朝日』109（13）、136-138頁。
加藤真紀（2023）「大学教員に求められる教育力― JREC-IN 公募データによる把握の試み」名古屋大学高等教育研究センター編『名古屋高等教育研究』第23号、207-226頁。
川嶋太津夫（2013）「今、大学に求められる高等教育の質保証」濱名篤・川嶋太津夫・山田礼子・小笠原正明編『大学改革を成功に導くキーワード30―「大学冬の時代」を生き抜くために』学事出版、8-14頁。
菊池美由紀（2020）「ボーダーフリー大学におけるキャリア科目担当教員のストラテジー」日本教育社会学会編『教育社会学研究』第107集、27-47頁。
葛城浩一（2007）「Fランク大学生の学習に対する志向性」大学教育学会編『大学教育学会誌』第29巻第2号、87-92頁。
葛城浩一（2010）『大学全入時代における学生の学習行動―「ボーダーフリー大学」を中心にして』広島大学大学院教育学研究科博士論文。
葛城浩一（2011）「ボーダーフリー大学教員の大学教授職に対する認識―「大学教授職の変容に関する国際調査」を用いた基礎的分析」広島大学高等教育研究開発センター編『大学論集』第42集、159-175頁。
葛城浩一（2012a）「ボーダーフリー大学が直面する教育上の困難―授業中の逸脱行動に着目して」香川大学大学教育開発センター編『香川大学教育研究』第9号、89-103頁。
葛城浩一（2012b）「ボーダーフリー大学教員の大学教授職に対する認識（2）―教育・研究活動等に対する意識に着目して」くらしき作陽大学・作陽音楽短期大学高等教育研究センター編『KSU高等教育研究』第1号、141-154頁。
葛城浩一（2013a）「ボーダーフリー大学における学士課程教育の質保証――定の学修時

間を担保する質保証の枠組みに着目して」くらしき作陽大学・作陽音楽短期大学高等教育研究センター編『KSU 高等教育研究』第2号、21-32頁。
葛城浩一（2013b）「授業中の逸脱行動に対する大学の対応—ボーダーフリー大学に着目して」香川大学大学教育開発センター編『香川大学教育研究』第10号、51-61頁。
葛城浩一（2013c）「学修時間の確保は教育成果の獲得にどのような影響を与えるか—授業外学修時間と教育成果の獲得との関連性に着目して」大学教育学会編『大学教育学会誌』第35巻第2号、104-111頁。
葛城浩一（2015）「ボーダーフリー大学生が学習面で抱えている問題—実態と克服の途」居神浩編、前掲書、29-49頁。
葛城浩一（2016）「ボーダーフリー大学における研究活動に対する期待と支援—教員の教育・研究活動に与える影響に着目して」大学教育学会編『大学教育学会誌』第38巻第1号、108-117頁。
葛城浩一（2017a）「学士課程教育の質保証に対する大学の姿勢は所属教員にどのような影響を与えるか—ボーダーフリー大学を事例として」兵庫大学・兵庫大学短期大学部高等教育研究センター編『兵庫高等教育研究』147-159頁。
葛城浩一（2017b）「ボーダーフリー大学教員の学士課程教育の質保証に対する意識」広島大学高等教育研究開発センター編『大学論集』第49集、53-68頁。
葛城浩一（2018）「大学教員として就職するまでのプロセスと就職後の教育・研究活動との関連性—ボーダーフリー大学に着目して」広島大学高等教育研究開発センター編『大学論集』第50集、161-176頁。
葛城浩一（2019a）「学部系統による教育の質保証の実態の差異」葛城浩一編、後掲書、16-30頁。
葛城浩一（2019b）「ボーダーフリー大学における学士課程教育の質保証の実現可能性—実現を促進する要因についての検討」大学教育学会編『大学教育学会誌』第40巻第2号、27-35頁。
葛城浩一（2020a）「ボーダーフリー大学教員の教育・研究に関する意識と行動」葛城浩一編、後掲書、55-68頁。
葛城浩一（2020b）「教育の質保証の実現を促進する要因として機能しない教員評価についての検討」葛城浩一編、後掲書、30-42頁。
葛城浩一（2020c）「教育の質保証の実現を阻害する要因となる質保証に消極的な教員についての検討」葛城浩一編、後掲書、43-54頁。
葛城浩一（2021a）「入学難易度別の分析—主要5系統を対象に」串本剛編『学士課程教育のカリキュラム研究』東北大学出版会、183-199頁。
葛城浩一（2021b）「大学教育の現状と課題—「教育」と「研究」の関係性を中心に」兵庫大学・兵庫大学短期大学部高等教育研究センター編『兵庫高等教育研究』第5号、59-71頁。
葛城浩一（2022a）「卒業率は必修科目の設定に影響を与えるか—入学難易度による差異

に着目して」香川大学大学教育基盤センター編『香川大学教育研究』第19号、37-46頁。
葛城浩一（2022b）「大学教員としてのキャリアパスに立ちはだかる壁―JREC-IN Portal掲載の公募情報を用いた基礎的分析」神戸大学大学教育推進機構編『大学教育研究』第30号、49-64頁。
葛城浩一（2023）「ボーダーフリー大学における「教育」と「研究」の両立―学生の視角からのアプローチ」兵庫大学・兵庫大学短期大学部高等教育研究センター編『兵庫高等教育研究』第7号、61-71頁。
葛城浩一（2024a）「余白を埋める―ノンエリート大学における学び」濱中淳子・葛城浩一編『〈学ぶ学生〉の実像―大学教育の条件は何か』勁草書房、33-71頁。
葛城浩一（2024b）「大学教員としてのキャリアパスに立ちはだかる壁―人文・社会科学系の下位分類に着目した分析」神戸大学大学教育推進機構編『大学教育研究』第32号、147-162頁。
葛城浩一編（2019）『ボーダーフリー大学における学士課程教育の質保証の実現可能性―学部長調査報告書』広島大学高等教育研究開発センター ディスカッションペーパーシリーズ No.12。
葛城浩一編（2020）『ボーダーフリー大学における学士課程教育の質保証の実現可能性―教員調査報告書』広島大学高等教育研究開発センター ディスカッションペーパーシリーズ No.13。
葛城浩一・宇田響（2016）「ボーダーフリー大学の量的規模に関する基礎的研究」香川大学大学教育基盤センター編『香川大学教育研究』第13号、91-103頁。
葛城浩一・宇田響（2017）「ボーダーフリー大学の量的規模に関する基礎的研究（2）」香川大学大学教育基盤センター編『香川大学教育研究』第14号、115-129頁。
葛城浩一・西本佳代・宇田響（2018）「ボーダーフリー大学生の学習実態に関する研究―アクティブラーニング型授業を中心に」香川大学大学教育基盤センター編『香川大学教育研究』第15号、161-174頁。
小山治（2006）「「大学生活」（取り組み）と「能力」（自己肯定感）が就職活動の各段階に対して及ぼす影響―Cグループ大学を中心に」（苅谷剛彦・平沢和司・本田由紀ほか「大学から職業へⅢ　その1―就職機会決定のメカニズム」の第2節）東京大学大学院教育学研究科編『東京大学大学院教育学研究科紀要』第46巻、46-55頁。
島田博司（2001）『大学授業の生態誌―「要領よく」生きようとする学生』玉川大学出版部。
島田博司（2002）『私語への教育指導―大学授業の生態誌2』玉川大学出版部。
島野清志（1993）『危ない大学・消える大学』エール出版社。
島野清志（2024）『きわめて危うい大学 2024年版』Kindle版。
清水一（2013）「大学の偏差値と退学率・就職率に関する予備的分析―社会科学系学部のケース」大阪経済大学編『大阪経大論集』第64巻第1号、57-70頁。

下野辰久（2000）「「教育」大学としての大学（試論）―Fランク大学における大学教育」大阪国際女子大学編『大阪国際女子大学紀要』第26号（2）、125-135頁。
杉山幸丸（2004）『崖っぷち弱小大学物語』中央公論新社。
谷村英洋（2009）「大学生の学習時間分析―授業と学習時間の関連性」大学教育学会編『大学教育学会誌』第31巻第1号、128-135頁。
長谷川誠（2016）『大学全入時代における進路意識と進路形成―なぜ四年制大学に進学しないのか』ミネルヴァ書房。
羽田貴史（2013）「大学教員研究の新段階―30年遅れのキャリア・ステージ研究」東北大学高等教育開発推進センター編『大学教員の能力―形成から開発へ』東北大学出版会、3-19頁。
平沢和司（2006）「非銘柄大学経営系学部卒業生の就職―D大学の分析」苅谷剛彦・平沢和司・本田由紀ほか、前掲論文（第5節）、68-72頁。
堀有喜衣（2007）「大学生の正社員への移行支援における相談機能の効果―大学の選抜性と支援」労働政策研究・研修機構編『大学生と就職―職業への移行支援と人材育成の視点からの検討』、33-52頁。
三浦展（2008）『下流大学が日本を滅ぼす！―ひよわな“お客様”世代の増殖』ベスト新書。
光田好孝（2004）「日本の大学のカーネギー分類」国立大学財務・経営センター研究部編『大学財務経営研究』第1号、69-82頁。
三宅義和（2005）「非選抜型大学の就職支援体制に関する一考察―教職員への質問紙調査を通じて」神戸国際大学学術研究会編『神戸国際大学紀要』第68号、11-27頁。
三宅義和（2006）「非選抜型大学生の職業選択行動に関する調査報告」神戸国際大学経済文化研究所編『経済文化研究所年報』第15号、23-43頁。
三宅義和（2011）「大学生の学びへの姿勢と大学の選抜性」神戸国際大学経済文化研究所編『経済文化研究所年報』第20号、1-13頁。
三宅義和（2014）「大学の選抜性とは」三宅義和・居神浩・遠藤竜馬ほか、後掲書、1-25頁。
三宅義和・居神浩・遠藤竜馬ほか（2014）『大学教育の変貌を考える』ミネルヴァ書房。
三宅義和・遠藤竜馬（2003）「限界大学における教学上の問題の考察（1）―学生意識調査での因子分析による検討を交えて」神戸国際大学学術研究会編『神戸国際大学紀要』第65号、13-40頁。
保田江美・溝上慎一（2014）「初期キャリア以降の探求―「大学時代のキャリア見通し」と「企業におけるキャリアとパフォーマンス」を中心に」中原淳・溝上慎一編『活躍する組織人の探求―大学から企業へのトランジション』東京大学出版会、139-173頁。
矢野眞和（2005）『大学改革の海図』玉川大学出版部。
山田浩之（2005）「学生文化研究の課題」藤井泰・山田浩之編『地方都市における学生文

化の形成過程―愛媛県松山市の事例を中心にして』松山大学地域研究センター叢書第3巻、1-17頁。
山田浩之（2009）「ボーダーフリー大学における学生調査の意義と課題」広島大学大学院教育学研究科編『広島大学大学院教育学研究科紀要』第三部第58号、27-35頁。
山田浩之・葛城浩一編（2007）『現代大学生の学習行動』広島大学高等教育研究開発センター 高等教育研究叢書90号。

あとがき

振り返れば20年近くもボーダーフリー大学研究を行ってきた。よく聞かれるのが、なぜボーダーフリー大学なのか、という問いである。最初のきっかけは、筆者の師である山田浩之先生（広島大学）からの共同研究のお誘いだった。当時の筆者は、広島大学高等教育研究開発センターのCOE研究員として、「上から降ってくるお題」に沿って書き散らす毎日であった。その仕事をこなせば研究業績は増えていくのだが、博士課程を9ヶ月で中退し、研究者としては未成熟のままその職に就いた筆者としては、自分の確固たる研究テーマもなく、質の高い研究業績もない状況にひどく不安を抱いていた。

そんな状況であったから、山田先生からのお誘いには一も二もなく乗った。山田先生との共同研究で特にありがたかったのが、『現代大学生の学習行動』というタイトルの叢書を共編で出させていただいたことだった。この叢書で初めてボーダーフリー大学に相当する「Fランク大学」と銘打った論文（「Fランク大学生の資格意識」、「Fランク大学の学生が考える資格と人間性」）をまとめた。また、その成果もふまえ、同じく「Fランク大学」と銘打った論文（「Fランク大学生の学習に対する志向性」）を『大学教育学会誌』に投稿し、これが採択された。そして最終的にはそれらの成果を、博士論文（『大学全入時代における学生の学習行動―「ボーダーフリー大学」を中心にして』）にまとめることができた。ボーダーフリー大学との長い付き合いは、間違いなくここでの成功体験が契機となっている。

ただ、この時点では、ボーダーフリー大学はあくまで研究対象であり、研究テーマとしての「面白さ」は感じつつも、特に深い思い入れがあったわけではないというのが正直なところである。それが変化した契機は、香川大学に職を得てからフィールドワークの一環として行っていた、とあるボーダーフリー大学での非常勤講師先での経験であった。

筆者の授業を履修していたある学生は、授業中にもかかわらず、ガムをクチャクチャと噛んでおり、隣の友人にまるでタバコを勧めるようにしてガムを勧めていた。みかねた筆者がガムを吐き出すよう促すと、彼はこう言い放った。「ガム出したら単位くれるん？」

こうした授業態度に加え、そもそも欠席回数が非常に多かったため、単位を出すつもりなどさらさらなかったのだが、4年生である彼は筆者の授業の単位を落とすと卒業が危ぶまれるのだという。「何とかしてやらなければならないのだろうか？」というこちらの迷いにふてぶてしくあぐらをかき、彼が授業態度を改めることは最後までなかった。「大学はどうあるべきか」という根源的な問いについては、博士論文を書く際に概念上では散々考えてきたわけであるが、その問いの意味をもっともリアルに感じたのはまさしくこの経験であった。

振り返ってみれば、この学生との出会いは、筆者のボーダーフリー大学研究への思い入れを大きく変えたように思う。彼との出会いがなければ、長らくこのテーマで研究を行うこともなかっただろう。どのような形であれ、人はご縁で繋がっているのだと改めて思う。

本書に繋がるご縁ということでいえば、調査に協力いただいた教職員や学生まで含めるととても数え切れるものではない（インタビュー調査に協力いただいた方だけでも優に100人は超えている）。山田先生をはじめとする大なり小なりのご縁のひとつひとつに、この場を借りて感謝申し上げるとともに、以下の方々には改めて感謝の意を述べておきたい。

まず、学生時分の先輩である久保田真功氏（関西学院大学）には、修士課程までのつもりで大学院に在籍していた筆者に、「葛城君ならこの世界でやっていけるよ、もったいないよ」と最後の最後のタイミングまで声をかけていただいた。その言葉があったからこそ博士課程に進み、研究成果を書籍化する今があるわけだから、久保田さんには感謝しかない。

ボーダーフリー大学研究の先駆者である居神浩氏（神戸国際大学）には、10年ほど前に大学教育学会の課題研究集会でご一緒してからというもの、調査に協力いただいたり、研究に助言いただいたりと、これまで随分とお世話になってきた。居神先生らによって築かれた礎があってこその本書を上梓することで、少しでも恩返しできればと思うところである。

研究仲間である濱中淳子氏（早稲田大学）には、いつも研究への動機づけを高める刺激を与えていただくのだが、特に濱中さんとの共編著『〈学ぶ学生〉の実像—大学教育の条件は何か』での経験は刺激的だった。この経験がなければ、単著で出版してみたいと思うことなどなかったかもしれない。これからも筆者を刺激する仲でいただければ幸いである。

そのほかにも、神戸大学に着任以来、いつも筆者の研究への肯定的な評価をいただき、出版のご相談を差し上げた際には、後述の森氏に非常に丁寧につないでいただいた、同僚である近田政博氏（神戸大学）、科研費の研究成果公開促進費での出版を想定していた筆者に、本書ならそうした助成なしでの出版も可能ではないかと願ってもない逆提案をいただいた、玉川大学出版部アドバイザーである森貴志氏（梅花女子大学）、長らく筆者の研究に関わり、本書の執筆中には内容の確認等の労を厭わず取ってくれた、研究上の同志である宇田響氏（くらしき作陽大学）、迅速かつ丁寧なサポートを通じて、本書を立派な形に仕上げていただいた玉川大学出版部の山下泰輔氏にも、この場を借りて感謝申し上げたい。

そして最後に、いつも精神的な支えでいてくれる家族のみんなに感謝を捧げたい。筆者の名前がクレジットされた本書を手にして彼らがどのようなリアクションをするのか、それを想像するのが執筆中の密かな楽しみだった。大学教員である妻はともかく、愛するふたりの子どもたちや遠く離れて暮らす両親が、父／子としての筆者を少しでも誇りに思ってくれたのならば、これほど喜ばしいことはない。今後も家族への感謝を胸に、研究を続けていくことを誓って本書を締め括ることにしたい。

索引

あ

か

さ

た

な

は

ま

や

ら

著者紹介

葛城浩一（くずき・こういち）

1977年生まれ。神戸大学大学教育推進機構准教授。広島大学大学院教育学研究科教育人間科学専攻博士課程修了。博士（教育学）。広島大学高等教育研究開発センターCOE研究員、香川大学大学教育開発センター（2015年度より大学教育基盤センター）講師、准教授を経て、2021年より現職。共編著書に『〈学ぶ学生〉の実像—大学教育の条件は何か』（勁草書房、2024年）、共著書に『学士課程教育のカリキュラム研究』（東北大学出版会、2021年）、『ノンエリートのためのキャリア教育論—適応と抵抗そして承認と参加』（法律文化社、2015年）などがある。

高等教育シリーズ189

ユニバーサル化時代の大学はどうあるべきか
ボーダーフリー大学の社会学

2025年4月5日　初版第1刷発行

著　者 ——— 葛城浩一
発行者 ——— 小原芳明
発行所 ——— 玉川大学出版部
〒194-8610 東京都町田市玉川学園6-1-1
TEL 042-739-8935　FAX 042-739-8940
www.tamagawa-up.jp
振替 00180-7-26665
装丁 ———— 長田年伸
印刷・製本 —— モリモト印刷株式会社

乱丁・落丁本はお取り替えいたします。

ISBN978-4-472-40641-6 C3037 / NDC377